나를 변화시킨 사람들
내가 변화시킬 사람들

Changing Your World through
the Impact of Your Influence

나를 변화시킨
사람들
내가 변화시킬 사람들

The Difference You Make

팻 윌리엄스 · 짐 데니 지음 | **김정우** 옮김

말글빛냄

서문
·······

우리 삶의 모든 부분은 누구로부터의 영향을 받는다.

나는 매일 아침 전직 야구선수 출신이자 경영자로서, 나에게 주어진 특권이 나만의 것이 아님을 되새긴다. 나는 나에게 주어진 영향력 있는 지위를 현명하게 사용하기를 기대한다.

최근 플로리다 클리어워터에서 뉴욕 양키스와 필라델피아 필리스가 동계훈련 중에 연습경기를 하게 되었다. 시합 시작 전에, 양키스의 투수인 사바시아CC Sabathia의 유니폼을 입은 한 남자가 눈에 들어왔다.

그는 관중석에서 "스티븐 스미스를 기억해주세요"라고 쓴 포스터를 들고 있었다. 남자는 자동차 사고로 세상을 떠난 양키스의 열성팬, 스티븐 스미스의 아버지인 맷 스미스였다. 스티븐은 스포츠 방송인을 꿈꾸던 24살의 젊은 나이로 세상을 떠났다.

나는 같은 아버지로서 맷 스미스에게 동정이 일었다. 그가 아들을 떠나보낸 뒤, 1년 반 동안 어떤 심정으로 지냈을지 짐작이 갔다. 나는 그에게 다가가 말을 걸었다. 우리는 스티븐에 대해, 그가 얼마나 훌륭한 청년이었는지 이야기를 나눴다. 나는 맷을 선수들에게 데려갔고, 팀원 전체가 포스터에 사인을 해 주었다.

맷 스미스와 오랜 시간 동안 깊은 대화를 나눈 것은 아니다. 하지만 양키스가 스티븐을 기억할 것이며, 양키스에 대한 스티븐의 애정에 감동을 받았다는 것을 맷에게 알려주고 싶었다. 그가 기운을 내고 슬픔을 덜 수 있도록, 할 수 있는 것은 무엇이든 도우려 했다. 이것은 우리가 팀의 영향력으로 사람을 도운 하나의 방법이었다. 리더십은 영향력에 관한 것이다.

나는 선수시절 25번을 달았다. 뉴욕 양키스의 감독일 때는 27번을 달았다. 왜? 영향력을 극대화시키기 위해서였다. 양키스는 그때까지 26번 월드시리즈에서 우승을 했고, 우리의 목표는 27번째 우승이었다. 그래서 목표를 상기시키기 위해 27번을 달았다.

내가 감독을 맡은 지 2년 만에 우리는 목표를 이뤄냈다. 그래서 나는 등번호를 다시 28번으로 바꿔 달았다. 나 스스로에게 동기를 부여하기 위해서였다. 집중하기 위해서였다. 팀 전체가 우리의 비전을 항상 눈앞에 두게 하기 위해서였다.

양키스는 2009년 또다시 월드시리즈에서 우승을 이뤄냈다.

우리는 삶을 살아가면서 자신의 영향력을 발휘할 수 있어야 한다. 그러면 다른 사람의 삶에 변화를 가져올 수 있다. 나는 그래서 팻 윌리엄스가 우리에게 꼭 필요한 이 책, 〈나를 변화시킨 사람들 내가 변화시킬 사람들〉을 세상에 내놓아 무척 기쁘게 생각한다.

이 책에 담긴, 통찰력을 예시해주는 이야기들은 당신의 삶에 큰 영향을 미칠 것이다. 팻은 터놓고 자신의 삶을 우리와 나누려고 한다. 그는 다발성 골수종으로 투병생활을 했고, 탁월한 스포츠 경영인으로서 많은 일을 이뤄냈다. 입양한 14명의 아이들을 포함해 19명의 아이들의 아버지이기도 하다. 이 책에서 그는 자기의 삶을 있는 그대로 이야기해 준다. 또 책에는 팻의 삶에 영향을 미친 사람들과, 세상에 많은 영향을 미친 사람들의 이야기도 들어있다. 이 이야기들은 우리에게, 더 긍정적이고 효과적으로 사람들을 위해, 또는 자기 자신을 위해 영향력을 사용하는 방법을 알려준다.

이 책은 영향력 있는 멘토, 부모와 리더가 되고자 하는 사람들에게 유익한 안내서가 될 것이다. 당신은 이 책에서 실제적인 통찰력을 얻고, 어떻게 하면 말과 행동으로 보다 긍정적인 영향을 미칠 수 있는지 깨닫게 될 것이다. 또 우리의 주변 사람들, 그리고 사회에 보다 긍정적인 영향을 미치는 개성과 인간관계의 기술도 알게 될 것이다.

누구나 영향력은 가지고 있다. 당신의 성격이나 직업, 그리고 부자인지 가난한지, 결혼을 했는지 안 했는지, 나이가 많은지 적은지는 중요하지 않다. 중요한 것은 당신이 살아가는데 있어서 사람들에게 영향을 미칠 수 있느냐 없느냐가 아니라, 이미 당신이 갖고 있는 영향력으로 어떻게 할 것인가, 그것이 중요하다.

당신의 영향력을 현명하게 발휘하라. 팻 윌리엄스가 그 방법을 가르쳐줄 것이다. 그리고 그 길은 축복받은 길이 될 것이다.

조 지라디*Joe Girardi*, 뉴욕 양키스 감독

목차

들어가는 말
....

영향력이란 흥미롭다. 정의하기도 힘들다. 설명하기는 더욱 힘들다. 하지만 당신은 누가 어떠한 영향력을 갖고 있는지 알 수 있다. 또 누가 당신의 삶에 영향을 미치는지도 당연히 알 수 있다. 하지만 그들이 왜 당신의 삶에 그토록 영향을 미치는지는 잘 모를 수도 있다.

―앤디 스탠리Andy Stanley, 〈비저니어링Visioneering〉

2011년 1월 7일, 나는 건강검진을 받았다. 올랜도 매직 팀 임원들을 위한 정기 건강검진이었다. 검사는 오전 7시부터 오후 5시까지 하루 종일 진행되었다. 미네소타 주 댈러스에 있는 쿠퍼 클리닉과 로체스타에 있는 마요 클리닉에서 집중 정밀검사를 받았다. 모든 검사를 마치고, 의사 크리스틴 에드워드가 내게 말했다.

"음, 다 괜찮은데 혈액검사 결과에 이상이 발견되었습니다. 편하실 때 와서 다시 검사를 받아보셔야겠어요."

내 건강검진 결과는 이 작은 경고를 제외하면 모든 게 깨끗했다. 나는 이틀 뒤에 디즈니 마라톤에 참가해서 내 인생의 58번째 마라톤을 완주했다. 종료지점까지 달리는 내내 느낌도 좋았다.

그러나 나는 3일 뒤에 등에서 끔찍한 통증이 솟구치는 것을 느끼며 잠에서 깨어났다. 내가 이전에 느껴보지 못한 고통이었고, 달리고 난 후에도 여태껏 느끼지 못한 고통이었다. 나는 뭔가 크게 잘못되었다는 것을 직감할 수 있었다. 디스크가 어긋났거나 근육 또는 신경에 문제가 생긴 걸 수도 있었다. 나는 척추 전문의와 약속을 잡았다. 그들은 여러 장의 엑스레이와 MRI 검사를 하더니 모든 것이 괜찮다고 했다. 그들은 내 척추에서 잘못된 점을 찾아내지 못했다.

그래서 나는 맨 처음 의사 빈스 윌슨을 찾아갔다. 의사 에드워드는, 이미 빈스 윌슨에게 내 혈액검사 결과를 말해놓았다. 윌슨은 문제가 있다는 표정으로 고개를 저으며 말을 꺼냈다.

"왜 좋은 사람들에게 안 좋은 일들이 일어나는지 모르겠어요."

"무슨 말씀이죠, 선생님?"

"혈액검사에서 이상한 점이 발견되었어요, 팻. 혈중 단백질 수치가 비정상입니다. 의심이 되는 것이 있어요. 제가 틀리기를 바라지만, 로버트 레이놀즈 박사를 만나보세요. 그가 이 분야의 전문가입니다."

그날은 1월 13일 목요일이었고, 레이놀즈 박사와의 약속은 그 다음 주 월요일인 17일에 잡혔다. 나는 무슨 일이 일어나고 있는지 전혀 알 수 없었다. 솔직히 말해서 별로 알고 싶지 않았다. 하지만 나는 만약을 대비해 주말 동안 마음의 준비를 하기 시작했다.

나는 월요일에 레이놀즈 박사를 만나러 갈 때까지도, 그의 전문분야가 무엇인지조차 정확히 알지 못했다. 그는 종양학자이자 혈액학자였다. 레이놀즈 박사가 내게 말했다.

"다발성 골수종으로 보입니다. 혈액과 골수에 암이 있는 것으로 보이네요."

나는 그 말을 듣고 내 피와 골수가 굳어버리는 것 같았다.

"우리는 지금 바로 검사를 진행할 겁니다. 그리고 다음 주에 다시 만날 때 제가 이게 정확히 무슨 문제인지 말씀드리겠습니다."

그리고 나는 전신 엑스레이와 골수 추출검사를 받았다.

나는 일주일 후에 나의 아내 루스와 레이놀즈 박사의 진료실을 다시 찾아갔다. 레이놀즈 박사가 조심스럽게 말을 꺼냈다.

"검사한 결과가 나왔습니다. 다발성 골수종이 확실합니다."

"병을 완치할 가능성은 얼마나 되죠?"

"팻, 병을 완치하는 것은 불가능합니다. 하지만 치료는 할 수 있습니다. 지금으로서는 병을 호전시키는 것이 우리의 목표지요. 화학요법을 사용해서 병을 호전시킬 수 있는 가능성이 70에서 75퍼센트 정도 됩니다. 그리고 다른 이야기지만, 다발성 골수종은 20년 전보다 오늘날 사람들이 더 많이 걸리는 병입니다. 그 시절부터 있어왔던 병이지요."

이 중요한 순간에 갑자기 영감이 떠올랐다.

"선생님, 우리가 사용할 슬로건으로 '미션 이즈 리-미션'(The Mission Is Remission: 목표는 호전이다)은 어떻습니까?"

"바로 그겁니다! 당신은 이미 좋은 조건들을 갖추고 있습니다. 당신은 긍정적인 사람입니다. 이 사실이 아주 중요합니다. 또 당신은 매우 건강해요. 원래 마라톤을 좋아하는 사람들은 건강해서 병원에 갈 일이 많지 않죠. 또 당신은 믿음이 강합니다. 그리고 무엇보다도 당신에게는 가족의 사랑과 올랜도 매직의 응원이 있잖아요."

"그럼 이제 뭘 하면 되죠?"

"할 수 있는 모든 것을 할 겁니다. 먼저 화학요법과 약물치료를 시작할 겁니다. 우리는 최선을 다해서, 신속하게 병을 치료할 것입니다."

"잘 알겠습니다, 레이놀즈 박사님. 이제부터 박사님께 저를 맡기겠습니다.

본격적으로 치료를 들어가기에 앞서, 나는 두 가지 중요한 문제를 풀어야 했다. 먼저, 19명의 내 아이들에게 이 일을 어떻게 설명할 것인가가 문제였다. 나는 첫 결혼에서 4명의 아이를 얻었다. 그리고 입양으로 14명의 아이를 얻고, 재혼으로 1명의 아이를 더 얻었다. 아이들은 이미 장성해서 따로 떨어져 산다. 아이들 한 명 한 명에게 연락해서 내 병에 대해 설명해야 하는데, 감당하기 어려운 일이었다. 방법적으로나 감정적으로나 둘 다 어려운 일이었다. 하지만 결국 아이들에게 연락해서 최대한 침착하게 설명했다. 아이들은 각기 다른 반응을 보였다. 흥분하거나, 슬퍼하거나, 심지어 태연하게 대응하는 아이도 있었다. 물론 모든 아이들이 나에게 힘이 되어주었고, 나를 위해 기도하겠다고 약속했다.

또 다른 문제는 사람들에게 이 일을 어떻게 알려야 될지 하는 문제였다. 나는 올랜도 매직 직원들에게 상황을 설명했다. 이를 들은 직원들이 여러모로 도와줬다. 언론담당인 조엘 글래스Joel Glass가 2월에 기자회견을 할 수 있게 도와줬다.

마침내 기자회견 날이 찾아왔다. 기자회견장에서 레이놀즈 박사가 내 옆자리에 앉았다. 루스와 아이들은 내가 발표를 하는 동안 내 바로 뒤에 있었다. 레이놀즈 박사는 회견장에 모인 기자들에게 다발성 골수종이 무슨 병인지, 앞으로 어떻게 치료해나갈 것인지 설명했다. 박사의 설명은 의대 수업을 방불케 했다. 기자회견이 끝나갈 무렵, 나는 웃옷을 벗어서, 입고 있던 티셔츠를 드러내보였다. 내가 새로 만든 슬로건이 티셔츠 앞면에 가득 새겨져있었다. 기자들은 나의 슬로건 '미션 이즈 리-미션Mission is Re-Mission'을 보더니 환호성을 지르고 박수갈채를 보냈다.

기자회견장에 참석한 사람들이 내 소식을 더 많은 사람들에게 전했다. 하지만 나는 그 다음에 일어날 일들에 대해서는 전혀 준비가 되어있지 않았다.

나는 다음날부터 며칠, 아니, 몇 주 동안 많은 사람들의 이메일, 카드, 편지 그리고 전화 등 과분한 격려 메시지를 받았다. 고등학교 시절, 대학교 시절, 마이너리그 선수 시절, 그리고 NBA에서 일하는 동안 알던 사람들이 기원의 메시지를 보내주었다. 많은 사람들은 내가 그들에게 했던 말이나 행동이 그들의 삶에 긍정적인 영향을 미쳤다고 했다. 나는 그들의 이야기를 듣고, "와, 내가 그랬다니, 기억이 나질 않아." 또는 "내가 그런 말을 했다니, 믿을 수가 없어"라고 반응했다.

나는 의도하지 않았지만, 지난 세월동안 내가 많은 사람들의 삶에 긍정적인 영향을 미치고 있었던 것이다. 게다가 대부분의 경우 오랜 시간 동안 그들의 기억에 남는다는 사실이 놀라웠다. 내가 했던 행동, 한 통의 전화, 한 장의 카드, 그리고 한 마디의 격려의 말들을 나는 기억하지 못하지만, 상대방은 기억했다. 중요한 것은 내가 무엇을 기억하는지가 아니다. 정말 중요한 것은 그들이 무엇을 기억하는지이다. 그리고 그들이 기억하는 그것이 바로 내가 그들에게 '영향력'을 미쳤다는 사실이다.

실제로 나를 만난 적은 없지만 내가 강연하는 것을 들었거나 내가 쓴 책을 읽은 사람들도 내게 전화를 하고, 이메일을 보내왔다. 수백 통에 달하는 편지를 읽고, 마음이 뭉클해졌다. 살아있는 기분을 만끽할 수 있었다. 나는 모든 편지들을 하나씩 읽어 내려갔다. 어떤 편지들은 나를 위한 추도문 같기도 했다. 읽으면서, 미래의 장례식을 거행하는 특권을 누리는 기분이었다. 이때부터 나는 우리가 다른 사람들에게 미치는 영향력에 대해 곰곰이 생각했다. 그리고 우리가 전혀 의도하지 않은 영향력에 대해서도 생각하기 시작했다.

어린 시절, 청소년시절, 그리고 청년시절에 나의 삶에 영향을 미친 사람들의 얼굴을 떠올렸다. 내가 졸업한 델러웨어 윌밍턴의 타워 힐 고등학교 선생님과 코치진, 웨이크포레스트 대학교 교수님과 코치진, 그리고 야구 마이너리그와 NBA에서 나를 고용했던 사람들의 얼굴이 그려졌다.

나는 소년시절 부지런히 야구경기장과 운동장을 찾아다녔다. 선수들의 사인을 받기 위해서였다. 한 번은 필리스 동계훈련에 따라가서 메이저리그 선수들을 만났다. 내 친구 룰리 카팬터의 아버지, 밥 카팬터가 필리스 구단주였기 때문에 가능한 일이었다. 나는 지금도 선수들 한 명 한 명에 대해 구구절절 읊을 수 있다. 그만큼 그들에 대해 잘 알고, 좋아했다. 당시 선수들은 나를 부를 때 이름을 불렀다. 나의 영웅들이 나를 알아보고 이름을 불러줬다. 들을 때마다 전율을 느꼈다. 그리고 그들이 내 삶에 미친 영향은 바로 여기 내 영혼에 아로새겨져 있다.

나는 이렇듯 위대한 사람들로부터 깊은 영향을 받았다. 그리고 나름대로 내 영향력의 범위 안에서 사람들에게 긍정적인 영향을 미치기 위해 노력해왔다. 나는 다발성 골수종 진단을 받은 이후에 나에게 온 전화, 카드, 편지들 때문에 당신이 지금 읽고 있는 이 책을 쓰기로 결심했다. 이 병은 나에게 여러 가지 의미에서 축복이자 기회였다.

내가 병을 진단받은 시점도 영향력에 관한 책을 쓰는데 도움이 됐다. 병을 진단 받은 시점이 〈우든 감독: 그의 삶을 움직인 7가지 원칙Coach Wooden: The Seven Principles That Shaped His Life and Will Change〉을 출간한 시점과 거의 비슷하다. 감명을 받은 독자들이 보낸 편지가 홍수를 이룰 정도였다. 대부분의 편지가 이런 내용이었다.

"저는 우든 코치를 한 번도 만난 적이 없지만, 이 책을 읽고 나니 그처럼 되고 싶어졌어요. 그는 이 책만으로도 저에게 큰 영향을 주었어요. 당신도 마찬가지예요."

우리는 영향력을 가지고 있다. 우리 모두 주변 사람들에게 영향을 미친다. 그리고 우리는 누군가에게서 영향을 받고 있다. 이 책의 목적은 당신이 더 긍정적인 목적을 갖고, 전략적으로 당신의 영향력을 사용하도록 돕는 것이다. 이 책에서 나는 내 삶에 영향을 미쳐 나를 변화시킨 사람들에 대해 이야기하려고 한다. 그리고 아버지로서, 선생님으로서, 멘토로서, 경영인으로서, 대변인으로서, 대중연설가로서, 저술가로서, 리더로서 그리고 종교인으로서 내가 다른 사람들에게 어떤 긍정적인 영향을 미쳤는지에 대해서 이야기하려고 한다. 또 사람들에게 영향을 미쳤던 각계각층의 사람들에 대해서도 이야기할 것이다.

당신이 이 책을 읽고, 사람들에게 사려 깊고, 긍정적인 영향을 미칠 수 있기를 바란다. 이 책을 안내서로 삼으면서, 일생동안 더 깊고, 넓고, 심오한 영향을 많은 사람들에게 미칠 수 있기를 바란다.

친구와 대화하는 기분으로 이 책을 읽어주기를 바란다. 나는 이 책이 당신에게 어떤 영향을 주었는지, 당신이 내 삶에 어떤 영향을 주게 될지 알고 싶다. 당신이 이 책을 펼쳐서 여기까지 읽어준 것만으로 감사하다는 말을 전하고 싶다. 당신을 만나게 되어 정말 기쁘고, 영향력에 대한 나의 열정을 나눌 수 있는 또 다른 사람을 알게 되어 기쁘다.

제1장.
나를 변화시킨 사람들

나는 혼자 만들어진 것이 아니다. 내 영혼을 울리는, 나를 생각해주는
사람들이 지금의 나를 만들었다.

—마크 탭Mark Tabb, 〈보다 가벼운 삶Living with Less〉

나는 내 삶을 변화시킨 사람들에 대해 이야기 하겠지만, 지금 당
신도 당신의 삶을 변화시킨 사람들의 얼굴을 떠올리고 있기를 바란
다. 당신은 어쩌면 그 사람들을 지난 몇 년 동안 잊고 살았을 수도
있다. 하지만 우리가 우리에게 영향을 미친 사람들을 기억하는 한,
우리 자신도 다른 사람들에게 영향을 미치는 사람이 될 수밖에 없
을 것이다.

마이너리그에서 얻은 메이저리그의 교훈

1963년, 마이너리그 마이애미 말린스에서 두 차례 여름을 보내고, 나는 야구선수로서의 꿈을 접기로 했다. 메이저리그로 가기 위해서는 적어도 평균타율 2할 5리 이상을 기록해야 하는데, 나로서는 불가능한 일이었다. 그래서 어쩔 수 없이 7살 때부터 키워온 야구선수로서의 꿈을 포기했다. 그 대신에 나는 스포츠 경영인이라는 새로운 꿈을 갖게 되었다.

나는 지금까지 스포츠 경영인으로 반세기를 살아왔는데, 그 시작에는 빌 더니Bill Durney가 있었다. 그는 내가 이 일을 시작할 때 가장 많은 영향을 주었고, 또 내가 이 일에 발을 들여놓을 수 있도록 도와준 사람이다. 그가 마이애미 말린스의 단장이었을 때, 나는 그 구단에서 2년 동안 선수생활을 마치고, 이제 막 경영본부 새내기로 일하던 중이었다. 나는 스포츠 경영인으로 성공하기 위해 멘토가 필요하다고 생각했다. 그래서 나는 무작정 빌을 찾아가서 이렇게 말했다.

"프로야구를 정식으로 배우고 싶습니다. 당신은 제가 아는 사람들 중에 프로야구 경영에 대해 가장 잘 아는 분입니다. 저에게 구단을 경영하는 일을 가르쳐 주시겠습니까?"

빌 더니는 자비롭게 그의 날개 아래에 나를 품었다. 나는 그때부터 몇 달 동안 항상 그의 곁에 머물렀고, 한동안은 그의 집에서 살기까지 했다. 나는 그에게서 배울 수 있는 모든 지혜와 통찰의 조각들까지 쓸어 담았다. 1968년 빌이 세상을 떠날 때까지 그는 나의 훌륭한 친구이자 멘토였다. 만약 그가 없었다면, 나는 이 분야에서 아무것도 이루지 못했을 것이다.

1965년 2월, 나는 마이애미를 떠나 사우스캐롤라이나 주 스파턴버그Spartanburg로 이사했다. 스파턴버그 필리스Phillies의 단장으로 일하게 되었기 때문이다. 당시 나는 24살이었다. 나는 구단주인 R. E. 리틀존R. E. Littlejohn씨에게 보고해야 할 일들이 있었다. 어느 날, 그의 집을 찾아갔는데, 그는 없고, 그의 아내가 있었다. 그녀가 나에게 말했다.

"R. E. 는 특별한 사람이에요."

훗날 나는 곧 그녀의 말이 무슨 의미인지, 또 그녀 말이 맞았다는 것을 알게 되었다. 리틀존 씨는 내가 아는 사람들 중에 가장 현명했다. 그는 나를 사실상 그의 아들로 받아들였는데, 나에게는 정말 행운이었다. 나의 친아버지는 1962년, 내가 22살 때 돌아가셨다. 리틀존 씨는 내가 24살 때 아버지가 되어준 이후 1987년에 세상을 떠날 때까지 내 인생에서 등대 같은 존재가 되어주었다. 그는 내가 아는 사람 중에 그야말로 가장 모범적인 사람이었다. 나도 역시 그처럼 되고 싶었다. 그가 내 인생에 얼마나 깊은 영향을 주었는지는 내 첫째 아들의 이름 제임스 리틀존 윌리엄스James Littlejohn Williams를 보면 알 수 있다.

나는 1965년부터 1968년까지 4년 동안 스파턴버그 필리스를 경영했는데, 리틀존 씨는 나에게 훌륭한 멘토이자 가장 친한 친구가 되어주었다. 리틀존 씨 곁에서 일했던 4년을 돌아보면, 당시 그의 두 눈에 비친 내 젊은 시절의 모습은 성격이 급하고, 참을성 없고, 잘 다듬어지지 않은 청년의 모습이었을 것이다. 나는 항상 자만심에 가득 찬 설익은 청춘이었다. 리틀존 씨는 내가 보여주는 열정과 추진력을 사랑했지만, 내 안에 있는 모든 잠재력을 발현하려면, 그것들이 성숙된 방향으로 인도되어야 한다고 생각했다. 그래서 리틀존 씨는 기꺼이 나를 이끌어 주었고, 내 삶에 긍정적인 영향을 미쳤다.

스파턴버그 야구장은 말 그대로 정말 '무미건조'한 곳이었다. 우리는 전혀 맥주를 팔지 않았고, 심지어 알코올 음료회사의 광고도 일절 받지 않았다. 그 이유는 리틀존 씨의 개인적인 방침 때문이었다. 그 사실을 몰랐던 나는 리틀존 씨를 찾아가서 말했다.

"아버님, 우리 야구장에서 맥주를 팔고, 맥주 광고를 한다면 큰 이익을 낼 수 있을 것 같은데요."

그러자 그는 내가 방금 전에 신성모독적인 발언이라도 한 것처럼 심각한 표정으로 나를 쳐다봤다.

"팻!" 그가 단호하게 말했다.

"내가 이 팀을 팔기 전엔 그런 일은 없을 게다!"

리틀존 씨는 자신이 사람들에게 미치는 영향력에 대해 극도로 신경을 쓴다고 말했다. 그는 특히 이 지역의 젊은이들에게 관심을 기울였다. 그는 알코올이 젊은이들을 타락시킬 수도 있다고 믿고, 구장 내에서 한 방울의 알코올도 허용하지 않았다.

나는 그때 큰 교훈을 얻었다. 지금도 나는 내가 다른 사람들에게 미치는 영향력을 늘 염두에 두고 살아가고 있다.

1968년 7월, 나는 잭 램세이Jack Ramsay 박사에게서 한 통의 전화를 받았다. 그는 전 NBA 필라델피아 세븐티식서스Philadelphia 76ers 감독을 역임했다. 그는 내게 세븐티식서스 단장을 맡아줄 것을 제안했다. 나는 리틀존 씨와 그의 사업파트너인 레오 휴즈 씨에게 이 사실을 알렸고, 그들은 세븐티식서스로의 이직이 내 경력에 긍정적인 전환점이 될 것이라는 데에 동의했다. 나는 메이저리그를 떠나야 하는 것이 마음에 걸렸지만, NBA(미국 농구)에서 보다 다양한 경험을 할 수 있다는 점이 마음에 들었다. 리틀존 씨가 말했다.

"팻, 너는 충분히 그 일을 해낼 수 있지. 하지만 나는 너를 보내기가 싫구나. 네가 이곳 스파턴버그에 남는다면 휴즈 씨와 나는 네게 이 야구단을 물려줄 생각이다."

"제게 구단을 주신다고요? 정말 주시겠다는 뜻은 아니시죠?"

나는 어안이 벙벙했다.

"모든 것을 주려고 한다. 야구장을 포함해서 모든 것을 말이다. 네가 주인이 되는 거야. 모두 네 것이다. 네가 원한다면 말이다. 너는 여기에 남기만 하면 돼."

리틀존 씨는 진정 그런 사람이었다. 그리고 그 순간, 나는 그가 나를 친아들처럼 진정으로 사랑하고 있다는 것을 느낄 수 있었다. 스파턴버그 필리스 정도의 야구단은 오늘날 수천만 달러를 훌쩍 넘는 가치를 갖고 있다. 리틀존 씨는 그 만큼을 내게 선물로 주려했다. 크리스마스 선물처럼 말이다!

아, 나도 그러고 싶었다. 내가 정말 그의 뒤를 이어야 할지 수없이 고민했다. 하지만 이제 발걸음을 옮겨야 할 때라는 생각을 버릴 수가 없었다.

결국 리틀존 씨의 축복을 받으며 필라델피아에서 NBA 경영인으로서의 첫 삶을 시작했다. 이후에 30년 동안 시카고 불스, 애틀랜타 혹스, 세븐티식서스를 거쳐 마지막으로 올랜도 매직을 설립하기까지, 내가 중요한 결정을 내려야 하거나 이직을 할 때, 나는 리틀존 씨와 그 일에 대해 상의하지 않은 적이 없다.

언젠가 그와 저녁 식사를 하면서 내가 말했다.

"저는 웨이크 포레스트 대학교에서 학부를 졸업했습니다. 석사는 인디애나 대학교에서 받았고요. 그리고 박사는 리틀존 대학원에서 받은 것 알고 계시죠?"

그는 소리 내어 웃으면서, 겸손하게 손을 저었다. 하지만 나는 진심이었다. 리틀존 씨에게서 배운 것이 대학교에서 받은 교육을 다 합친 것보다 많다.

리틀존 씨가 세상을 떠났을 때 나는 아버지를 다시 잃은 것 같았다. 하지만, 실제로 그는 나를 완전히 떠나지 않았다.

R. E. 리틀존 씨는 내 삶에 살아 숨 쉰다. 그리고 그가 수년 동안 영향을 미친 수천, 더 많게는 수만 명의 삶에 살아있다. 나는 아직까지도 어려운 결정을 내려야하는 순간에 나 자신에게 물어본다.

"과연 리틀존 씨라면 어떻게 했을까?"

즐거움의 가치

내가 22살일 때, 빌 더니는 나에게 야구 명예의 전당 설립자이자, 소유주인 빌 벡Bill Veeck을 소개시켜줬다. 빌 벡은 시속 153킬로의 강속구처럼 내 삶을 강타했다. 그는 나의 멘토들 중에서 즐거움의 가치를 가장 잘 가르쳐준 사람이다.

빌은 한 시카고 스포츠 신문기자의 아들이었고, 리글리 필드(시카고 컵스의 홈 경기장) 관중석에서 땅콩, 팝콘, 경기점수표를 팔면서 야구에 처음 입문했다. 그는 1930년대와 40년대에 이르러 시카고 컵스 단장 찰리 그림Charley Grimm에게 성과가 저조한 구단을 인수해 인기 구단으로 탈바꿈시키는 일을 배우기 시작했다. 실제로 그는 컵스 2군 팀이었던 밀워키 브루어스를 시즌 3번 만에 꼴찌에서 1등으로 끌어올렸다. 그리고 1946년에 거의 무너져 내리는 클리블랜드 인디언스를 인수해서, 2년 만에 월드 시리즈 우승 팀으로 만들었다. 그는 훗날 세인트 루이스 브라운스와 시카고 화이트 삭스도 인수했다.

빌 벡은 천재적인 사업가였고, 대단한 인도주의자이기도 했다. 인종차별주의가 미국사회에 만연했던 시대에도 빌은 사람을 사람으로 볼 뿐이지 그가 어느 인종인지는 굳이 따지지 않았다. 그는 1947년에 래리 도비Larry Doby를 클리블랜드 인디언스로 영입했다. 래리 도비는 아메리칸 리그 최초의 흑인 선수였다. 빌은 나중에 니그로 리그에서 뛰고 있던 사첼 페이지Satchel Paige도 클리블랜드로 영입했다.

1962년 그의 자서전 〈빅-만신창이의 인간Veeck-As in Wreck〉에서 그는 이렇게 썼다.

> "야구단 경영인으로서 내 철학은 이보다 간단할 수 없다. 최대한 많은 사람들에게 최대한 많은 즐거움을 선사하는 것이다. 야구경기의 본래 가치를 손상시키지 않으면서, 사람들이 소박한 즐거움의 순간들을 누릴 수 있도록 만드는 것이다. 나의 목적은 한결같이 사람들을 야구장으로 끌어와 야구팬이 되도록 만드는 것이다."

나는 1년 동안 스파턴버그 필리스의 단장으로 있으면서 구단이 한 시즌에서 패하자, 스스로를 패배자처럼 생각했다. 6개월 동안 밤낮없이 일하면서 정신적으로나 육체적으로 지쳐있었다. 내 자신을 완전히 소모시키면서 필리스를 호전시키려 노력했지만 실패했다.

내가 하루에 16시간씩 일하면서 이룬 것이 무엇인가. 모든 것이 허무하게 느껴졌다. 내 모든 노력이 물거품이 된 기분이었다. 내가 암을 고친다거나 세계평화를 위해 노력하다가 실패했다면 이 정도로 허무하진 않았을 것이다. 하지만 나는 스파턴버그 팬들을 위해 한 시즌 우승을 만들어내는 소박한 목표조차 이루지 못했다.

나는 빌 벡에게 전화해 내가 느끼는 혼란과 좌절, 그리고 환멸에 대해 토로했다. 그는 인내심을 가지고 오랜 시간 들어주었다. 그리고 나에게 물었다.

"팻, 이번 시즌 동안 몇 명의 사람들이 야구장에 다녀갔지?"

"11만 4천 명 정도 다녀갔을 겁니다."

"관중들이 좋은 시간을 보냈다고 생각하나? 관중들이 즐거워했나? 그렇다면 얼마만큼 즐거워했지?"

"그럼요. 관중들은 아주 즐거워했어요. 관중들은 우리 팀의 승패와 관계없이 저한테 정말 좋은 시간을 보냈다고 말했어요."

"그렇다면, 이번 여름에 자네가 야구가 아닌 다른 방법으로 그만큼의 즐거움을 스파턴버그 시민들에게 선사할 수 있었겠나? 그렇다면 한 가지만이라도 얘기해 볼 수 있겠어?"

"아니오, 그토록 즐거움을 줄 수 있는 다른 방법은 없을 거예요. 잘 떠오르지 않습니다."

"팻! 사람들을 즐겁게 한 일은 절대 미안해야 할 일이 아니야. 사람들이 즐겁고 행복한 시간을 보냈다면, 자네는 일을 잘한 거야. 성공한 거라고."

빌 벡의 질책은 내 생각을 완전히 바꿔 놓았다. 물론 우리는 한 시즌을 패했다. 하지만 우리는 팬들에게 즐거움을 제공했다. 그리고 이익도 남겼다. 나는 그때부터 우리가 이기든 지든 내 귓가에서 빌의 목소리를 듣는다. 내가 즐거움을 팔았다면, 그걸로 이미 성공한 것이다.

빌 벡은 좋은 멘토이자 친구이자 롤 모델이었다. 그는 내 삶에 긍정적인 영향을 미쳤다. 내가 거의 50년 동안 그에게서 얻은 교훈들은 오늘날까지도 여전히 내 삶에 지대한 영향을 미치고 있다.

1969년 7월, 빌 벡으로 부터 전화를 받았다. 시카고에 있는 빌의 친구, 필 프라이Phil Frye가 나를 만나고 싶어 한다고 했다. 필은 NBA 시카고 불스의 8명의 공동 구단주 중 한 명이었다. 당시 구단은 꽤 상태가 안 좋았다. 프라이는 노스캐롤라이나 주 트라이언에 여름철 휴양용 별장을 소유하고 있어서, 인근지역인 스파턴버그로 건너와 우리 경기를 자주 봤었다고 한다. 그는 내가 마이너리그 단장일 때 추진했던 파격적인 홍보들에 대해 잘 알고 있었다. 그는 스파턴버그 필리스가 활기를 되찾아 가는 과정을 보고, 내가 필리스에 활기를 불어넣은 것처럼 불스도 되살릴 수 있을 것이라고 생각했다.

나는 스파턴버그에 있으면서도 필 프라이를 전혀 알지 못했다. 물론, 오며가며 그에게 인사할 기회는 있었지만, 그저 스쳐 지나갔다.

2년 정도 지나고 나서야, 그가 우리 경기를 보러 왔었고, 그때 나에게서 깊은 인상을 받았다는 것을 알게 되었다.

필 프라이는 불스가 이윤을 창출하지 못하고, 팬들도 줄어들고 있다고 내게 말했다. 단, 이 얘기는 마이클 조던 시대보다 훨씬 이전의 얘기다(실제로 조던은 당시 초등학교 1학년이었다). 비록 불스는 힘든 시간을 보내면서 고군분투하고 있었지만, 나는 시카고가 훌륭한 도시이고, 또 우리가 불스를 유명하게 만들 수 있을 것이라고 믿었다.

내가 시카고에서 불스를 일으켜 세우려고 도전을 이어가는 동안, 필 프라이는 나에게 멘토이자 조언자이며 정신과 상담의사가 되어주었다. 내가 2년 동안 불스에서 일하면서 적어도 한 달에 한번은 꼭 시카고 클럽에서 그와 점심을 먹었다. 필과 나는 말 그대로 잘 통했고, 내가 그곳에 있는 동안 그는 나의 좋은 친구였다.

내가 단장으로 일하면서 얻은 가장 큰 교훈은 강한 성격을 가진 사람을 다루는 법이었다. 불스의 또 다른 주주인 조지 스타인브레너는 강한 성격을 가졌다. 조지는 일주일 사이에 여러 번 전화를 걸어 사소한 의사결정에 대해 따지거나, 구단직원에 대해 물어보거나, 계약한 선수들에 대해 자세히 알고 싶어 했다. 그는 구단 경영에 간섭하고 싶어 안달이 난 사람 같았다. 내가 전화를 받을 때마다 그의 비서는

"잠시 기다려주세요, 스타인브레너 씨 바꿔드리겠습니다"

라고 말했다. 나는 그 말을 들을 때마다 위장약을 찾아야할 정도

로 스트레스를 받았다. 그리고 그때마다 필 프라이는 내가 조지의 강한 성격을 받아들이고, 스트레스를 덜 받도록 도와주었다.

필은 조언과 용기가 솟아나는 샘물과 같았다. 필 프라이의 영향력이 없었다면 나는 시카고에서 버텨내지 못 했을 것이다. 필 프라이는 불스 구단주를 그만두고 나서도 만남을 이어가면서, 나에게 조언하고, 또 자주 나를 찾았다. 그는 내가 자기 때문에 어린 나이에 이 일에 입문한 것에 대해 책임감 같은 것을 갖고 있었다. 그래서 그는 이 일이 나를 산채로 집어삼키지 않도록 하기 위해 심혈을 기울여 주었다.

"나는 치어리더다!"

우리 삶에서 긍정적인 영향은 많으면 많을수록 좋다. 요즘 들어 내 삶에 가장 큰 영향을 미치고 있는 사람은 리치 디보스Rich DeVos이다. 그는 이름처럼 실제로도 억만장자이다. 그는 암웨이 공동창립자이자, 올랜도 매직 소유주 RDV스포츠 사의 회장이다. 내가 그를 처음 알게 된 순간부터 그는 계속 나의 개인적인 삶에서, 또 전문가로서의 공적인 삶에서도 나에게 꼭 필요한 멘토이다. 나는 어려운 문제나 어려운 결정에 직면할 때마다 뒤돌아서 그에게 조언과 통찰을 구한다.

1995년 7월, 나의 첫 번째 결혼생활이 끝이 났을 때, 나는 이 사실을 언론에 발표해야 했다. 나는 하루 온종일 언론에 배포할 보도 자료를 들고서 고치고 또 고쳤다. 마침내 몇 시간 동안 씨름한 끝에 두 페이지의 장황한 보도 자료를 만들었다. 그리고 그것을 리치에게 보여줬다.

그는 내가 쓴 보도 자료를 꼼꼼히 읽어보더니 말했다.

"팻, 지금 쓴 모든 말들을 사람들에게 해야 할 필요는 없네." 그러더니 그가 간단한 문장 세 줄을 불러주었는데, 내가 하고자 하는 핵심적인 말만 그대로 담아냈다. 내가 받은 조언 중에 가히 최고였다. 이처럼 리치 디보스는 그의 지혜와 인격으로 내 삶에 긍정적인 영향을 미쳤다.

내가 다발성 골수종 진단을 받고나서도 리치 디보스는 격려의 말과 실제 그의 경험을 바탕으로 내 삶에 긍정적인 영향을 주었다. 리치는 86세에 생사의 고비에 직면했는데, 그는 뇌졸중 우회수술을 견뎌냈다. 그는 또 71세 때에는 심장 이식 수술도 받았다. 그가 이런 어려운 상황들을 헤쳐 나아가는 것을 보면서 나는 깊은 감동을 받았다. 또 그는 그의 경험을 나누며, 내가 병을 이겨낼 수 있도록 용기를 불어 넣어 주었다.

리치는 하루도 거르지 않고 사람들에게 동기를 부여하고 힘과 용기를 불어넣는다. 당신이 그에게 암웨이와 올랜도 매직에서 하는 일이 무엇이냐고 물으면, 아마 이렇게 대답할 것이다.

"나는 치어리더다!"

그리고 그의 말은 사실이다. 리치 디보스는 사람들에게 지속적인 동기를 부여하고, 강력한 영감을 주고, 긍정적인 영향을 미치는 데에 뛰어난 능력을 갖고 있다.

리치와 나는 대화를 하는 중에 피상적인 말들을 주고받지 않는다. 리치는 현실을 파고들어 나의 기쁨과 상처와 어려움을 속속들이 알고 싶어 한다. 그는 내 인생에 놀라울 만큼 큰 영향을 미쳤다. 그가 묻는다.

"필요한 건 없나? 내가 어떻게 도와줄까? 내가 대신 기도해줄 일이 있나?" 그리고 그의 결론은 항상 용기를 준다.

"자넨 정말 잘하고 있어. 자네 없이는 절대 이 일을 해내지 못했을 거야."

이 책을 쓰기 시작할 때쯤 나는 인도의 한 여인으로부터 이메일을 받았다. 그녀는 자신의 메일을 리치 디보스에게 전해줄 수 있는지 물었다. 나는 그녀의 요구대로 리치에게 그녀가 보낸 메일을 전달했다. 며칠 후 그 여인은 또 다른 메일을 보내왔다.

"내가 보낸 메일을 리치 디보스에게 전달해줘서 정말 고마워요. 지금 막 그가 직접 손으로 쓴 편지를 받았어요. 덕분에 정말 기분 좋은 나날을 보낼 수 있을 것 같아요!"

리치는 실제로 손 편지로 유명하다. 나도 그가 손으로 써준 3장의 편지를 액자에 넣어 벽에 걸어 놨다. 그는 항상 편지에 이렇게 사인을 한다. "사랑해요! 리치로부터."

리치는 당신을 개인적으로 알든 모르든 당신을 진심으로 사랑한다. 왜냐하면 그는 모든 이를 사랑하고, 그들에게 용기를 주고, 동기를 부여하기 때문이다.

리치는 왜 그렇게 하는 걸까? 지구 반대편에 있는 얼굴도 모르는 여인에게, 앞으로도 마주칠 일 없는 그 여인에게 손 편지를 보내는 것은 그렇게 간단한 일이 아니다. 우리 중 누구에게든 용기를 주는 편지를 보내든, 그에게 남는 이익은 없다. 하지만 리치는 무언가를 얻어내려고 사람들에게 영향을 미치는 것이 아니다. 오히려 그는 사람들에게 자신을 선뜻 내놓는다. 그는 영향을 미치는 삶을 살기 위해 헌신한다. 그는 그의 힘만으로 전 세계를 상대로 사업을 성공시킬 수 있었다고 자만하지 않는다. 그래서 그가 가진 부를 활용해 사람들을 섬기고, 그들의 삶에 긍정적인 영향을 미친다.

〈초우량 기업의 조건In Search of Excellence〉의 공동저자 톰 피터스 Tom Peters는 작은 손 편지 한 장의 힘과 영향력을 믿는다. 그는 이렇게 적었다.

"우리는 작고 사사로운 일상의 감동이 갖는 영향력을 과소평가하는
경향이 있다. 모든 사사로운 감동 중에 내가 가장 강렬하게 느꼈던 것

은 손으로 쓴 "잘했어"라는 짧은 문장이다(전화 한 통보다 영향력이 큰 것 같다).

휠씬 나은 직장으로 옮긴 나의 옛 상사는 매일 하루의 끝자락에, 최대 15분 정도 중요한 시간을 갖는다. 오늘 하루 동안 그에게 시간을 내준 사람, 그리고 어떤 모임에서 기억에 남는 말을 해준 사람들에게 여섯 단락 길이의 편지를 적는 것이다. 그 편지를 받은 이들은 다시 그 편지를 보낸 이에게 고마워했다. 그는 그들이 자신에게 오히려 고마워한다는 사실을 알고, 놀라서 할 말을 잃었다."

UCLA 농구계의 전설적인 감독이자 나의 훌륭한 친구였던 고(故) 존 우든John Wooden이 생각난다. 그는 사람들에게서 편지를 받으면, 항상 그만의 아름다운 필체로 정성을 들여 두 장의 편지를 답장으로 썼다.

그는 그의 저서 〈성공의 피라미드Pyramid of Success〉 포스터에 사인을 해서 동봉한 뒤 모퉁이 우체통까지 직접 걸어가 그 편지를 부쳤다. 사람들에게 헌신하는 그의 모습은 내게 잊을 수 없는 강한 인상을 남겼다. 그는 많은 사람들이 긍정적인 자극에 목말라하는 것을 알고 있었다.

내 삶에서 25년이 넘는 세월동안 나에게 큰 영향을 미친 사람이 한 명 더 있다. 그는 올랜도의 사업가 지미 휴이트Jimmy Hewitt이다. 그는 나보다 먼저 올랜도를 대표할 NBA 프랜차이즈를 구상했고, 그의 비전과 에너지가 없었다면 지금의 올랜도 매직은 존재하지 않았을 것이다. 내가 강연을 하기 위해 올랜도를 처음 방문했을 때, 지미는 나를 높이 추켜세우면서, 내가 스스로를 세계에서 가장 훌륭한 스포츠 경영인이라고 믿게 만들었다.

우리가 올랜도 매직을 설립하는 꿈을 현실로 만들기 위해 고군분투할 때, 지미는 늘 나에게 이렇게 힘을 불어넣어 주었다.

"우리도 올랜도에 구단을 만들 수 있어. 우리에겐 팻 윌리엄스가 있잖아! 이제 아무도 우릴 막을 수 없어!"

지미 휴이트의 영향력은 놀라웠다. 그 덕분에 나는 내가 갖고 있던 능력을 뛰어넘어서, 할 수 없을 것 같았던 일들을 이뤄낼 수 있었다.

당신의 첫 번째 휴가를 기억 하는가

내 삶을 형성하고, 나에게 긍정적인 영향을 끼친 사람들을 쭉 나열해 보았다. 이제는 여러분들에게 묻고 싶다. 당신의 인생에 영향을 미친 사람은 누구인가? 당신이 긍정적인 삶을 살도록 영향을 준 사람은 누구인가? 당신의 가치관과 인격을 형성하는데 있어 영향력을 미친 사람은 누구인가? 자신을 믿도록 용기를 준 사람은 누구인가?

이런 사람들에게 마음의 빚을 갚는 것은 쉬운 일이 아니다. 또한 그들도 당신이 그러기를 원하지 않는다. 그들은 빚을 갚는 대신 선행을 베풀라고 조언할 것이다. 특히 당신의 영향력의 범위 안에서 주위 사람들에게 격려를 해주라고 할 것이다. 그렇다면 이 시점에서 생각해볼 질문이 있다.

"당신의 영향력으로 누구의 마음을 움직이고 싶은가?"

리더십의 대가인 존 맥스웰John Maxwell은, 한 사람이 평균 1만 명이상의 사람들에게 긍정적으로든 부정적으로든 영향을 미친다고 말한다. 나와 내 주변 사람들이 그런 영향력을 가졌다고 생각하면 놀라울 뿐이다. 이렇게 우리 모두는 다른 사람의 인생에 변화를 줄 수 있다. 남은 문제는 어떤 변화를 만드느냐는 것이다.

〈목적이 이끄는 삶The Purpose Driven Life〉의 저자 릭 워렌Rick Warren은 이렇게 말했다.

"인생의 어느 시점에 이르면 감동을 주는 사람이 될지, 감화를 시킬 수 있는 사람이 될지를 결정해야 한다. 감동은 멀리서도 줄 수 있지만, 감화를 시키려면 상대방과 가까이에 있어야 한다. 이 때문에 상대방은 당신의 단점도 볼 수 있을 것이다."

당연한 말이다. 영향력이 클수록 단점은 더 잘 보이기 마련이다. 하지만 단점이 보인들 어떠한가! 다른 사람의 인생에 감화를 주기 위해 완벽한 사람이 될 필요는 없다. 사실 사람들에게 좋은 영향을 끼칠 수 있는 가장 효과적인 방법은, 바로 주변에 있는 사람들에게 자신의 허물을 투명하고 솔직하게 보여주는 것이다. 우리가 사람들에게 미칠 수 있는 가장 중요한 영향력은 완벽함에서 나오는 것이 아니다. 살아가며 부딪히는 난관이나 실패를 극복하는 경험을 통해 얻게 된다.

1970년대 후반, 유나이티드 테크놀로지스United Technologies Corporation에서 〈월스트리트〉지에 독특한 시리즈의 광고를 냈다. 보는 이들에게 많은 생각을 들게 하는 광고 문구들 중 하나가 있었다. 그것은 '당신의 첫 번째 휴가를 기억하는가?'였다. 그 밑에는 다음과 같은 글이 쓰여 있었다.

"누군가가 당신 안에 있는 무언가를 보았다. 그것 때문에 당신은 오늘 이곳에 있는 것이다. 그 누군가는 사려 깊은 부모일 수 있고, 통찰력 있는 선생님, 권위적인 군대 하사관, 칭찬을 잘 하는 상사, 또는 주머니 속 동전을 모아 당신에게 몇 달러를 건넨 친구일 수도 있다. 그가 누구든, 그는 친절한 마음을 갖고 있다. 이 미덕이 사람과 오랑우탄을 구별하는 결정적인 요인이다. 이제 당신 앞에 있는 24시간 중에서 10분을 투자하여, 자신에게 도움을 준 사람에게 짧막한 감사 편지를 써 보라. 그 사람과 멋진 관계를 이어갈 수 있을 것이다. 또 기왕이면 10분만 더 투자하자. 그 10분 동안은 사람들에게 휴식을 취할 수 있게 틈을 주어라. 누가 알겠는가? 어느 날 당신이 감사의 편지를 받게 될지. 아마도 당신이 받은 편지 중 가장 흐뭇한 편지가 될 것이다."

당신에게 첫 번째 휴가를 준 사람은 누구인가?

요약: 자기진단

1. 당신의 인생에 가장 긍정적인 영향을 미친 사람은 누구인가? 그는 당신을 어떻게 변화시켰는가?

2. 당신에게 지금까지도 영향을 미치는 통찰력, 용기, 또는 조언을 해준 사람이 있는가? 그 사람은 누구인가? 그 사람은 어떤 상황에서 그런 말을 했는가? 왜 그 말이 당신에게 깊은 영향을 주었는가? 그 사람은 당신에게 했던 말을 기억하는가?

3. 당신의 인생에도 '빌 더니'처럼 경력에 조언을 해주는 사람이 있는가? '리틀존'처럼 언제든 용기, 조언, 또는 삶의 지혜를 구할 사람이 있는가? '빌 벡'처럼 롤 모델이면서, 성공의 지혜를 알려주는 사람이 있는가? '필 프라이'처럼 앞으로 있을 위험을 미리 알려주고, 어려운 시기에 흔들리지 않도록 도와주는 사람이 있는가? '리치 디보스'처럼 어려운 시기에 당신의 '치어리더'가 되어주는 사람이 있는가? 당신의 인생에도 당신을 전혀 다른 모습으로 변화시킨 사람이 있을지도 모른다. 그렇다면, 그 사람은 누구이고, 당신의 인생에 어떤 영향을 미쳤는가?

4. 지금 누군가 당신의 영향력과 용기를 필요로 하진 않는가? 그 사람의 삶에 변화를 주기 위해 당신이 지금 당장 할 수 있는 일은 무엇인가?

5. 당신의 삶에 영향을 미친 사람이 있는가? 그 사람은 당신의 감사편지 또는 전화를 받고 기쁜 하루를 보내게 될 수도 있다. 그 사람에게 24시간 이내에 편지를 보내거나 전화를 해보자.

제2장.
누구에게나 영향력은 있다.

우리 모두는 서로 다른 영향력을 갖는다. 나는 야구 선수로서 사람들에게 영향을 미칠 수 있다. 당신이 누구이든 당신도 누구에게나 영향을 미칠 수 있으며, 당신의 삶과 재능으로 위대한 일을 할 수 있다.

―**다저스 투수 클레이튼 커쇼**Clayton Kershaw

최근에 골수종 및 줄기 세포 이식 전문가 야세르 할레드 박사를 찾아갔다. 그곳에서 할레드 박사의 젊은 조교인 아브라함 토너를 만났다. 그가 내게 말했다.

"찰스 버클리Charles Barkley에 관한 이야기를 들려줄게요. 아버지의 고향이 필라델피아여서, 우리는 항상 필라델피아 팀을 응원했어요. 제가 10살쯤이었을 때 덴버Denver에서 세븐티식서스의 경기가 있었어요. 우리 가족은 직접 운전을 해서 와이오밍Wyoming에서 덴버까지 경기를 보러갔어요. 기회가 되면 사인을 받으려고, 제가 모은 찰스 버클리 기념품들까지 전부 가지고 갔어요.

아쉽게도 그날 세븐티식서스는 너기츠와의 경기에서 패했어요. 경기가 끝난 뒤에 세븐티식서스 버스가 선수들을 태우기 위해 덴버 경기장 밖에 정차하고 있었지요. 아버지랑 저랑 우리 가족들은 버스로 이동하는 선수들을 보기 위해 다른 팬들처럼 줄을 지어 서 있었어요.

마침내 찰스 버클리가 경기장 밖으로 나와 사람들 앞을 걸어 지나가는 거예요. 당연히 팬들은 그에게 사인을 받으려고 이것저것 꺼내들기 시작했어요. 하지만 그는 고개를 저으며 자기는 사인을 하지 않겠다고 했어요. 그때 제 아버지가 한 일을 저는 아마 앞으로도 평생 잊지 못할 거예요. 제 아버지가 찰스를 향해 크게 소리쳤어요.

'찰스! 내 가족들은 와이오밍에서 이곳까지 당신을 보러 왔어요! 최소한 내 아들 기념품에 사인을 해주면 좋겠어요!'

순간, 저는 너무 창피해서 어디에라도 숨고 싶었어요. 아버지가 왜 저러시나 너무 놀랐어요. 하지만 찰스는 그대로 우리를 지나쳐 버스에 올라탔습니다. 그런데 몇 분이 흐른 뒤에 찰스가 다시 버스 밖으로 나왔어요. 아마 찰스가 아버지가 했던 말을 다시 생각해본 것 같아요. 그는 버스 계단에 앉아서 저를 그쪽으로 불렀어요. 그리고 제가 가지고 온 찰스 버클리 기념품에 전부 사인을 해줬습니다.

다른 사람들은 그 누구도 그의 사인을 받지 못했어요. 그는 사인을 끝내자마자 뒤돌아서 버스를 타고 공항으로 떠났어요.

저는 아직도 그 기념품들을 전부 갖고 있어요. 그날 이후 저는 아버지를 완전히 다시 보게 됐어요. 아버지는 나를 위해 찰스 버클리에게 소리를 쳤잖아요. 그리고 저는 찰스 버클리도 다시 보게 됐어요. 팀이 경기에서 지고, 기분도 그래서 선뜻 사인해주기 힘들었을 텐데 제 아버지 말을 다시 한 번 생각하고 나와서 제 물건에 사인을 해줬으니까요."

찰스 버클리는 사람들이 스포츠 스타를 롤 모델로 떠받들어서는 안 된다고 주장해서 많은 사람들로부터 비난을 받았다. 그는 교도소에 있는 수많은 수감자들도 덩크슛을 할 수 있는데, 그럼 그들도 롤 모델이 되어야 하냐고 반문했다. 그는 1993년 나이키 광고에서 직접 이런 글을 썼다.

"나는 롤 모델이 아니다. 나는 롤 모델을 하고 돈을 버는 것이 아니다. 나는 농구 코트를 아수라장으로 만드는 일로 돈을 번다. 아이의 롤 모델은 부모여야 한다. 나는 덩크슛을 할 뿐이지 내가 당신의 아이를 키우는 것은 아니다."

그가 롤 모델인지 아닌지는 여전히 논란의 여지가 있지만, "아이의 롤 모델은 부모여야 한다"는 그의 충고는 분명 맞는 말이다.

하지만 또 다른 NBA 스타 칼 말론Karl Malone의 주장도 일리가 있다. 칼 말론은 〈스포츠 일러스트레이티드Sports Illustrated〉지 칼럼에서 찰스 버클리를 염두에 두고 이렇게 말했다.

"그건 찰스가 결정할 일이 아니다. 롤 모델이 되는지 안 되는지는 그가 선택하는 것이 아니라, 대중들이 선택하는 것이다. 그가 선택할 수 있는 것은 좋은 롤 모델이 될지 나쁜 롤 모델이 될지이다."

찰스 버클리와 말론 모두 좋은 지적이다. 아이들의 인생에서 가장 중요한 롤 모델이자 영향력 있는 사람은 부모여야 한다. 하지만 각 분야에서의 스타들, 그리고 리더들은 그들이 사람들에게 미치는 영향력을 깨닫고 책임의식을 가져야 한다. 명예나 부, 그리고 권력에는 책임이 따른다. 운동 스타 그리고 유명 인사들은 롤 모델이 되는 것을 피할 수 없다. 하지만 사람들에게 건전한 영향력을 행사할 것인지, 파괴적인 영향력을 행사할 것인지는 본인들의 선택에 좌우된다.

사람들은 운동선수의 능력에는 그저 순간 감탄을 하지만, 선수들이 사람들을 대하는 태도에는 오랫동안 기억에 남는 영향을 받는다. 영웅이나 롤 모델이 되기 위해서는 운동능력 이상의 많은 것들이 필요하다. 롤 모델은 선한 성품과 선한 가치, 선한 마음을 가지고 있어야 존경받고, 따를 만한 사람이 될 수 있다. 뛰어난 운동선수지만 생각이 좁고 닫힌 마음을 가진 사람이라면, 당연히 사람들의 과한 칭찬을 받기에는 부족하다.

스타들의 영향력

우리는 사람들에게 미치는 영향력을 과소평가하는 경향이 있다. 우리의 말과 행동은 우리가 알고 있는 것보다 사람들에게 크게 영향을 미친다. NBA 스타나 록 스타 또는 4성급 장군만 영향을 미치는 것이 아니라 당신도 당신의 가족, 친구, 직장동료에게 큰 영향을 미칠 수 있다. 유명하거나 좋은 교육을 받은 사람만이 사람들이 따르는 롤 모델이 되는 것은 아니다. 영향력은 대중적인 가치이다. 우리 모두는 알게 모르게 서로에게 영향을 미치고 있다.

마틴 루터 킹Martin Luther King Jr. 목사는 암살당하기 6개월 전 필라델피아에 있는 바랏 중학교에서 연설을 했다. 그는 학생들에게 지도자가 되든 거리청소부가 되든 영향력이 있는 사람이 되라고 강조했다.

"너의 인생에서 무엇이 될지를 찾았다면, 그 일을 할 때 전지전능의 신이 너를 이 특별한 역사의 순간에 그 일을 하도록 만들었다고 생각하고 일을 하라. 단순히 잘 하려고만 하지 마라. 산 사람, 죽은 사람, 아직 이 땅에 나지 않은 사람들 가운데 나보다 이 일을 잘 할 수 있는 사람은 없다는 생각이 들 정도로 잘 하라.

네가 거리청소부가 된다면, 미켈란젤로가 그림을 그리듯, 베토벤이 작곡을 하듯, 레온타인 프라이스가 메트로폴리탄 오페라에서 노래하듯 거리를 청소하라. 셰익스피어가 시를 쓰듯 거리를 청소하라. 천상과 지상의 주인들이 하던 일을 멈추고, 여기 거리를 싹쓸이한 위대한 거리청소부가 살았었다고 말하지 않을 수 없게끔 깨끗이 청소하라."

어느 대학 농구 감독 롭 에반스는 그의 인생에 지대한 영향을 준 청소부의 이야기를 나와 공유한 적이 있다. 그 청소부는 롭의 아버지이다.

"내가 8살 때, 아버지가 청소 일을 하셨는데, 한때 변호사 사무실을 청소하셨습니다. 9살, 10살, 12살의 내 형제들과 나도 야간에 아버지를 도와 청소를 했습니다. 하루는 사무실을 청소하고 있는데, 변호사와 그의 친구들이 들어왔습니다.

그 변호사는 남을 함부로 대하고 괴롭히기 좋아하는 그런 사람이 었습니다. 그 사람이 내 아버지에게 '오스카, 이리로 와봐'라고 말했습니다. 아버지는 계속 청소만 했습니다. 변호사가 '지금 당장 오지 않으면 당신을 해고하겠어!'라고 말했습니다. 묵묵히 청소를 하고 있던 아버지는 사무실 열쇠꾸러미들을 변호사 책상에 올려놓고 우리에게 '얘들아, 이리와라. 가자'라고 말씀하셨습니다. 밖에 나가서 제가 아버지께 물었습니다.

'어떻게 이 일을 그만두실 수가 있어요? 우리는 돈이 필요하잖아요?'

'아들아, 너희들의 존엄성과 고결함은 다른 그 어떤 것과도 바꿀 수 없단다'라고 아버지는 말씀 하셨습니다.

아버지는 인간의 존엄은 돈으로 살 수 없는 가치라는 걸 가르쳐 주려고 했던 겁니다. 중요한 교훈이었습니다. 그 변호사는 내 아버지를 놀리고 싶었지만, 아버지는 절대적인 절제력과 존엄성을 유지했습니다. 제 눈에 아버지는 커 보였고, 그 변호사는 자신이 힘 있는 사람이라고 생각했겠지만 작아 보였습니다. 개인의 인격과 존엄성을 유지하는 것이 어떤 의미인지, 값비싼 대가를 치르고 얻은 큰 교훈이었습니다."

벅 오닐Buck O'Neil은 니그로 아메리칸 리그의 1루수와 감독으로 야구경력의 대부분을 캔사스 시티 모나크스Kansas City Monarchs에서 활동했다. 벅은 세상을 떠나기 얼마 전에 내게 말하길 흑인들에게 교육의 기회가 제한되었던 짐 크로우Jim Crow 시대에 자신에게 훌륭한 롤 모델과 훌륭한 선생님이 되어준 사람들이 있었다고 했다.

"내 부모님과 할머니, 할아버지는 내게 인격에 대해 가르쳐줬습니다. '네 인격은 네 안에 평생 동안 머물러 있을 것이다'라고 하셨습니다. 우리가 사라소타로 이사했을 때 저는 엠마 부커라는 이름의 한 여인을 알게 되었는데, 부커 문법학교를 운영했던 그녀는 제 인생에 큰 영향을 준 사람입니다. 모든 학생에게 인격과 옳고 그름의 문제를 가르쳤습니다. 그녀는 종종 '사람들이 너희를 분리시켜 놓을 수 있을지 몰라도 너희들의 인격을 차별할 수는 없다'고 말하곤 했습니다."

벅은 그의 아버지, 어머니, 그리고 부커 씨에게서 받은 영향이 그의 인생 전체를 받드는 토대가 되었다고 했다.

"정말 많은 아이들이 오늘날에 한 부모 가정에서 자라고 있습니다. 내가 누린 것을 그들은 누리지 못합니다. 요즘 아이들은 모든 필요한 도움을 외부에서 찾아야 합니다. 내 어머니와 아버지, 선생님과 목사님 모두 될 수 있는 한 제가 가장 훌륭한 사람이 되기를 바랐습니다."

벅의 부모님과 선생님들이 벅에게 고된 일을 시킨 것은 그의 안에 인격을 기르기 위한 한 방법이었다.

"낮에는 학교에서 수업이 끝난 후 일을 해야 했습니다. 그리고 집에서도 일을 했습니다. 8살인가 9살이었는데, 내가 하는 일은 설거지를 할 수 있도록 물을 길러와 물통에 물을 채워두는 것이었습니다. 그게 제 일이었습니다."

셀러리 밭에서 일하며 몇 번의 여름을 보내고, 벅은 잭슨빌로 이사해 친척들과 살면서 에드워드 워터스 대학에 입학했다. 1937년에 멤피스 레드 삭스에서 1년을 생활한 후, 그의 기나긴 야구 인생의 나머지를 모나크스에서 활동했다. 그는 내게 말했다.

"니그로 리그에는 내 자리를 노리는 뛰어난 야구선수들이 많았습니다. 항상 경쟁이었습니다. 계속 그곳에 남아 있으려면 대단한 용기가 필요했습니다. 나의 롤 모델이었던 사람들이 내게 용기와 인내를 심어준 것에 대해 감사하게 생각합니다."

2006년 2월, 벅 오닐이 94세에 야구 명예의 전당에 오르는 일이 무산되어 나는 슬펐다. 하지만 그가 보인 인격, 즉 그의 부모님과 엠마 부커에 의해 형성된 그의 인격이 나는 너무 자랑스러웠다. 명예의 전당 투표 결과가 발표되던 밤에 그는 축하하러 모인 200여명의 친구들과 가족들에게 둘러싸여있었다. 겨우 한 표 차이로 떨어진 것을 듣고 사람들은 침울한 분위기에 빠졌다. 벅이 일어나서 크고 밝은 미소를 띠며 말했다.

"신은 그동안 나를 보살펴주셨습니다. 제가 명예의 전당에 오르기에는 부족하다고 생각하신 겁니다. 그게 그들의 생각이고, 그게 사실이기 때문에 우리는 받아들여야 합니다. 이 순간 여러분의 명예의 전당에 제가 있다면, 저는 그걸로 만족합니다. 이 늙은 벅을 계속 사랑해주십시오. 저를 위해 울지 마십시오… 여기 한 노예의 후손이 있습니다. 그리고 이런 제가 명예의 전당에 오를 수 있을 것인지에 온 세상이 지켜보고 있습니다. 사라소타 고등학교에 입학이 허용되지 않았습니다. 마음이 아팠습니다. 플로리다 대학에 입학이 허용되지 않았습니다. 마음이 아팠습니다. 하지만 명예의 전당에 오르지 못한 것은 그렇게 아프지 않습니다. 그렇습니다… 예전이라면 기회조차 없었습니다. 하지만 이번에는 기회라도 있었습니다… 적어도 투표용지에는 제 이름이 올랐으니까요."

그의 말에는 언제나 품격이 있었고, 그것은 벅 오닐이 남긴 유산의 일부이기도 하다. 그가 부모님과 부커 씨에게서 배운 인격적인 부분들이 그 말에 녹아있었다. 2006년 10월, 벅 오닐은 세상을 떠났다. 그는 비록 흑인을 차별하는 시대에 태어났지만, 야구공과 방망이, 신에 대한 믿음, 낙천적인 자세로 스스로 기회를 만들었다. 가진 것 없이 시작해 많은 것을 이룬 그를 보면서, 과연 우리 중 누가 많은 것을 갖고 있으면서도 잃은 게 더 많은 것에 대해 변명을 할 수 있을까?

누구나 영향을 미칠 수 있다

2012년 1월, 저술가이자 예술가인 조니 에릭슨 타다Joni Eareckson Tada가 올랜도에 있는 어느 교회에서 강연을 했다. 5천 명의 군중 앞에서 그녀의 이야기를 들려줬다.

"저는 1967년, 제가 17살이었을 때 정말 어리석은 짓을 하나 했습니다. 체사피크 만에서 수영을 하고 있었는데, 어리고 자유분방했던 저는 만에 떠있는 부낭까지 헤엄쳐 갔습니다. 부낭위에 올라서서 다이빙을 했는데, 물이 얕았습니다. 척추가 골절되는 고통을 느꼈고, 실제로 척추가 심하게 손상돼 어깨 아래가 마비됐습니다.

그게 45년 전 일이고, 저는 그때 이후 지금까지 휠체어를 타고 있습니다. 신에게 저를 치료해달라고 기도하고 부탁했습니다. 기도가 이뤄지지 않자 저는 '나는 당신의 부름에 절대로 응하지 않을 것입니다. 나는 절대로 당신을 세상에 전하지 않을 것입니다'라고 다짐했습니다. 만약 누군가가 45년 전에 저에게 훗날 전 세계를 돌며 강연을 하고, 방송을 하고, 책을 쓰고, 내 장애가 수백, 수천만 명의 사람들에게 감동을 줄 수 있는 기회를 갖게 될 것이라고 말했다면, 저는 그 말을 믿지 않았을 것입니다. 대부분의 사람들이 제 자체가 비극의 산물이라고 하지만, 저는 제가 평범하고 건강했다면 절대 갖지 못 했을 영향력을 갖게 되었습니다."

그녀는 장애가 있거나 어딘가 불편한 사람들에게 특별히 당부했다.

"제가 여러분에게 드릴 말씀은 여러분이 찬장 속에 찻잔이 아니라는 겁니다. 여러분은 과거의 어느 때보다도 많은 사람들의 삶에 큰 영향을 줄 수 있습니다. 결코 스스로 포기하지 마십시오. 신은 포기하지 않았습니다. 신은 여러분이 있는 바로 그 자리에서 여러분을 사용하고자 하십니다. 여러분의 장애로 할 수 있는 일에는 한계가 없습니다. 제가 그 산증인입니다."

이 책을 쓰는 동안에 나는 오랜 친구 어니 아코시Earnie Accorsi와 대화를 나눴다. NFL 경영인으로서의 그의 경력에는 뉴욕 자이언츠 단장으로 일한 10년의 긴 경력도 포함된다. 대화를 나누던 도중에 내가 말했다.

"지난 주말에 손자들이랑 TV로 축구 경기를 보는데 비아그라 광고가 나왔어. 순간 나는 아이들이 '할아버지, 저게 무슨 말예요? 뭐가 4시간이나 지속된다는 거예요?' 이렇게 물어볼까봐 몸이 굳어버렸어."

그러자 어니가 "내가 자이언츠에 있을 때가 생각나는군"하고 말했다.

"한 해는 미도우랜즈Meadowlands의 낡은 경기장에 전광판 광고 자리가 안 팔리는 거야. 결국, 마케팅팀이 비아그라 제조회사 화이자에게 그 자리를 팔았다네. 운영팀장이었던 존 마라John Mara가 당시 자이언츠 소유주였던 그의 아버지, 웰링턴 마라에게 가서 말했어.

'아버지, 전광판 자리를 화이자에 팔았습니다.'

'안 된다, 아들아. 그래선 안 된다.'

'그럼 전광판 자리를 비워둬야 해요!'

'그렇다면 올해는 팔지 말고 그냥 두거라.'

대부분의 사람들은 돈만 생각하고, 어떻게 하면 더 많이 벌 수 있을지 생각한다. 웰링턴 마라는 뉴욕 자이언츠가 사람들에게 미치는 영향력을 생각했다. 그는 어린 팬들에게 미칠 영향에 대해 생각했던 것이다.

골프계의 전설 아놀드 파머Arnold Palmer는 건강상의 이유로 담배를 일찍 끊었는데, 부분적으로는 그의 이미지와 세계의 팬들에게 미칠 영향상의 이유도 있었다. 2000년 〈골프다이제스트〉와의 인터뷰에서 그는 이렇게 말했다.

"38년 전에 골프장에서 금연을 했고, 30년 전에는 완전히 담배를 끊었습니다… 과거의 동영상들을 보면 입에 담배를 물고 있는 내 모습이 한심하고 또 불쾌해 보여서 참 부끄러웠습니다. 아버지께서도 내가 더 젊었을 때 담배를 끊게 하려고 노력하셨지만, 나도 그 또래의 아이들처럼 아버지의 시시콜콜한 잔소리로만 들었죠. 다행히도 그게 잘못됐었다는 걸 스스로 알고 느끼게 됐습니다. 40년 전에는 조금만 달려도 헐떡거렸는데, 이제는 더 훨씬 더 잘 달립니다."

또 한 명의 골프계의 전설 잭 니클라우스Jack Nicklaus도 2002년에 출간한 그의 저서 〈골프와 인생Golf & Life〉에서 비슷한 이야기를 했다.

"나도 많은 다른 젊은 골프선수들처럼 담배를 피웠습니다. 실제로 프로로 전향할 때 손에 꼽는 담배회사와 홍보계약을 맺고, 그것으로 돈을 많이 받았지요.
처음으로 US오픈 우승을 했을 때 하이라이트 동영상을 보면, 내가 오크마운트 13번 홀에서 입술에 담배를 물고 퍼트를 재는 모습이 나옵니다. 퍼트를 하기 전에 던져놨다가 다시 집어 입에 물고 두 번째 퍼트를 한 후 홀을 떠납니다.

그걸 보면서 오싹했어요. '정말 끔찍하다'는 생각이 들었어요. '아이들이 롤 모델로 삼는 국가 챔피언이 운동선수로서 최악의 행동을 보이다니 저 영상이 길이길이 역사에 남을 걸 생각하니 두려웠어요.' 나는 매니저에게 전화를 걸어 그 회사와의 계약을 해지하고 그들에게 돈을 돌려주라고 했습니다."

영향력은 영향력이 있다는 것을 깨달을 때부터 시작된다.

지난 20년 동안 미국에서 가장 영향력 있는 여성이 누구냐고 묻는다면 나는 당연히 오프라 윈프리라고 자신 있게 말할 수 있다. 1996년에 그녀가 사람들 앞에서 "○○감자 칩 회사는 왜 저지방의 주름진 구운 감자 칩을 만들지 않는 걸까요?"라고 물었는데, 몇 달 후에 주름진 저지방 감자 칩이 상점에 진열됐다. 그녀는 빈민촌에서 보낸 어린시절, 강간을 당한 일, 14살에 첫 아이를 사산한 일 등 그녀 개인의 인생을 수백, 수천만 명의 사람들과 공유하여 그들에게 영감과 용기를 주고, 스스로 성공적이고 영향력 있는 삶을 살아가고 있다.

몇 해 전에 미 주간지 〈피플〉은 오프라가 팬들의 삶에 얼마나 큰 영향을 주는지 스스로 깨닫게 된 계기를 감동적인 이야기로 풀어냈다.

"1994년 대대적으로 광고한 오프라 윈프리의 자선 경매가 시카고의 하얏트 리젠시 호텔에서 열렸다.

시카고 지역에 사는 한 가난한 싱글맘이 터덜터덜 그곳으로 걸어 들어갔다. 실낱같은 희망을 품고, 낡은 아르마니나 발렌티노 가운데 입을 만한 것을 찾았지만, 그녀가 가진 돈으로 살 수 있는 물건은 7피트인 그녀 발에 배처럼 큰 10피트 사이즈의 5달러짜리 신발 한 켤레뿐이었다. 세월이 흐른 어느 날 그녀는 그녀의 우상 오프라를 만날 수 있었다. 그리고 이렇게 고백했다.

'가끔씩 우울해질 때 옷장 안에 들어가서 그 신발을 신고 내가 당신이라면 하고 생각해요.'

윈프리는 잠시 숨을 죽이더니 이렇게 말했다.

'그 이야기를 생각하면 아직도 눈물이 날 것 같아요. 내가 반드시 뭔가 옳은 일을 해야 한다고 생각하게 돼요.'"

우리 주변에는 우리의 입장이 되고 싶고, 우리를 그들의 인생의 롤 모델이나 영향력 있는 사람으로 생각하는 사람들이 있다. 그들은 우리가 무엇을 하는지 지켜보고, 무슨 말을 하는지 귀를 기울이고, 우리가 지나쳐 온 길을 따라 밟는다. 우리는 우리 자신에게 있는 영향력에 대해 알고 있는 것인지, 과연 그 영향력을 현명하게 사용하고 있는 것인지……

영향력과 책임의식

1993년 7월 올랜도 디즈니 호텔에서 열린 찰스 버클리 주최 유명인 골프대회에 나도 참가했다. 그 대회에는 농구계의 전설 마이클 조던Michael Jordan도 있었다. 조던은 치열한 승부사다. 그는 또 말로 사람을 자극한다. 상대가 스윙이나 퍼트를 하거나 벙커에서 공을 쳐내려고 할 때 비꼬는 말로 게임을 방해한다. 마이클 조던이 있는 4인조가 우리 조 바로 뒤였다.

13번 홀은 언덕에서 아래로 웅덩이를 넘겨 쳐야하는 힘든 파3 홀이었다. 우리 조는 앞 조가 끝날 때까지 기다리고 있었다. 곧이어 조던이 TV 카메라와 마이크를 든 방송국 사람들의 시끌벅적한 무리에 둘러싸여 우리 쪽으로 내려왔다. 나는 내심 짜증이 났다. 하루 종일 제대로 공을 치지도 못했는데, 조던과 많은 수행원들이 지켜보는 가운데 쳐야했다. 내가 칠 준비를 하고 집중하려고 노력하는데 계속 조던이 나를 보고 히죽히죽 웃었다. 나는 기도했다.

"하나님! 이번 한 번만 제대로 치게 해주시면 저는 그것으로 족합니다!"

두 발을 단단히 딛고, 공이 페어웨이를 따라 길고 순조롭게 나아가는 것을 그리며, 스윙을 했다. 공이 하늘을 향해 날아, 곧고 완벽한 궤도를 그렸다. 주변에 있는 모든 사람들이 숨을 죽이고, 공의 궤도를 지켜봤다. 어느 누구도 한마디도 하지 않았다. 말이 많은 조던까지도 그랬다. 공이 부드럽게 그린 안에 들어 홀에서 몇 피트 떨어지지 않은 곳까지 굴러갔다. 가장 놀란 사람은 나 자신이었다.

"이봐요, 팻," 조던이 침묵을 깨고 말했다.

"일은 안하고 골프만 치러 다녔군요!"

아! 그가 내뱉은 말은 보잘것없는 골프 실력을 가진 내가 여태껏 들은 칭찬 중 최고였다! 그린에서 퍼트를 망쳐버렸지만, 상관없었다. 중요한 건 정말 중요한 순간에 내가 마이클 조던에게 깊은 인상을 남긴 것이다!

영향력 있는 사람이란 우리가 존경하고 깊은 인상을 남기고 싶은 사람이다. 그것도 마이클 조던이(간접적으로라도) "와! 정말 잘했어! 인상적이야!"라고 말하는데, 좋아하지 않을 사람이 어디 있겠는가?

마이클 조던이라고 해서 완벽한 인간은 아닐 것이다. 하지만 그는 긍정적인 롤 모델로 살려고 진심으로 헌신했고, 특히 젊은 사람들에게 더 그랬다. 우리 가족이 브라질에서 태어난 캐롤라인과 앨런을 17번째, 18번째 자식으로 집에 데려오고 나서, 나는 재빨리 당시 여덟 살이었던 앨런을 YMCA 청소년 농구 프로그램에 등록시켰다. 과장하지 않고, 앨런이 게임을 풀어나가는 방식이 예사롭지 않았다. 나는 그가 연습하는 것을 보는 걸 좋아했다.

앨런의 농구 스타일은 축구와 비슷했다. 공을 잡으면, 드리블을 하면서 몰고 가다가 골대를 향해 드롭킥을 날리고 뛰어올라 불꽃

슛을 날리면, 공이 천사들만 아는 기적처럼 골대 테두리를 몇 바퀴 돌다가 골대 안으로 들어갔다.

경기가 끝나고 집으로 돌아오는 내낸 앨런은 차에서 위아래로 뛰며 시속 100마일의 포르투갈어로 "쿠아씨 마이클 조던! 쿠아씨 마이클 조던!"이라고 소리쳤다. 번역하면 "마이클 조던 같았어!"를 의미한다.

몇 주 전까지 상파울루를 뛰어다니던 소년이 이제는 마이클 조던의 미래를 상상한다.

"와! 정말 많은 아이들이 마이클 조던처럼 되고 싶어 하는구나. 놀라울 정도로 큰 영향력을 가진 롤 모델이구나. 여기 미국에 있는 수백 수천만 명의 아이들뿐만 아니라 전 세계의 아이들의 영웅이구나"하는 생각이 들었다.

내 아들 리치가 10대였을 때 마이클 조던의 불스 팀이 매직과 경기를 하기 위해 시내에 와 있었다. 나는 리치가 볼보이를 할 수 있게 자리를 마련했다. 경기 시작 전에 리치를 마이클 조던에게 소개했다. 23번을 올려다보면서 리치는 할 말을 잃었다. 그런 순간에 많은 보통 선수들은 어린 아이와 악수를 하거나 사인을 해줄 것이다. 그러나 조던은 한 걸음 나아가 그의 팔을 리치에게 두르고 조용히 말했다.

"리치, 네가 정말 인생에서 성공하고 싶다면 이 세 가지를 꼭 기억해야 한다. 첫째, 하고 싶은 일이 있다면, 해라. 다른 어떤 것도 네 길을 막지 못한다. 목표를 세우고, 그 목표에 집중해라. 둘째, 네가 무엇을 하기로 하든 열심히 노력해라. 노력 없이는 아무 것도 이룰 수 없다. 셋째, 학교는 꼭 다녀야 한다. 성공하기 위해서는 교실에서 할 일을 모두 다 해내야 한다.”

물론, 리치는 완전히 그 메시지에 감동했다. 어떤 아이가 마이클 조던의 진심에서 우러나온 그 말들에 영향을 받지 않을 수 있겠는가? 분명히, 조던은 자신의 영향력을 알고 있는 사람이다.

NBA 슈퍼스타이든 거리 청소부든 영향력을 갖고 있다. 당신이 내뱉는 모든 말과 취하는 모든 행동은 사람들에게 영향을 주기 때문에, 당신이 사람들에게 미치는 영향력을 염두에 두어야 한다. 당신의 영향력에 책임의식을 가져라. 사람들은 항상 당신을 바라보고 있다.

1981년에 내가 필라델피아 세븐티식서스의 단장으로 있었을 때 우리 소유주가 구단을 해럴드 카츠라는 사람에게 팔려고 하는 것을 알게 됐다. 협상은 조용하게 이뤄졌다. 나는 카츠 씨가 누구인지, 어떻게 생겼는지도 몰랐다. 그가 새 소유주로 발표될 기자간담회가 열리기 몇 분전에 그와 처음 인사를 나눴다. 그러나 그를 만나자마자 나는 즉각 그를 알아봤다. 그와 수십 번을 만나고 악수를 했지만,

내 상사가 될 것이라고는 상상도 못했다. 카츠 씨는 세븐티식서스 시즌 회원이었다. 회원들은 수없이 많이 우리 경기장 입구에 서서 팬들에게 인사를 했는데, 그 중에 해럴드 카츠 씨도 있었다. 그와 악수를 하면서 내가 말했다.

"이래서 시즌 회원들에게 친절하게 대해야 하는가 보군요. 그들 중에 누가 언제 우리 구단주가 될지 모르니까요."

카츠 씨는 소리 내어 웃고 동의했다. 그리고 나는 그와 이후 5년 동안 함께 일했다.

영향력을 깨달은 아이

브라질에서 태어난 앨런이 우리 가족이 된지 10년쯤 지난 후에 그는 올랜도 지역에 있는 기독교 학교에 입학했다. 앨런은 열정으로 가득 차 있었고, 친근하고 외향적이었고 또래에 인기가 있었다. 그런 앨런이 딱 한 가지 문제가 있었는데, 그것은 학교생활이었다. 앨런은 장난꾸러기였다. 수업 중에 떠들고 농담을 자주 해서 주목을 받았다. 그 때문에 종종 다른 학생들이 수업에 방해를 받았다.

일주일에 서너 번 정도 학교에서 전화가 와서 문제가 되는 행동들을 제어해주기를 당부했다. 나는 앨런을 앉혀놓고 얘기하고 또 얘기했다.

"앨런, 네가 다른 사람에게 갖는 영향력을 생각해야 해. 선생님들과 교장선생님이 학급 아이들이 너를 올려다보고, 따른다고 말씀하셨어. 앨런, 우리 모두는 네가 리더가 되기를 바라고, 그러기 위해서는 네가 좀 더 책임감을 가졌으면 해. 네가 노력한다면, 네가 리더이자 롤 모델이 될 수 있다고 믿는다."

하지만 내 말은 앨런에게 온전히 와 닿지 않았다. 앨런은 리더는 장난꾸러기여서는 안 된다는 것을 이해했다. 롤 모델은 다른 사람을 방해하지 않는다는 것도 이해했다. 영향력 있는 사람은 반의 모범이 되어야 한다는 것도 이해했다. 하지만 앨런은 그 중 어떤 것도 원하지 않았다. 그저 재미를 느끼고 싶을 뿐이었다. 나는 우리가 무엇을 어떻게 해야 할지 몰랐다. 어느 날 앨런이 신나는 뉴스를 갖고 집으로 돌아왔다.

"있잖아요, 코치님이 나보고 농구부 주장을 맡으라고 하셨어요!"

"앨런, 정말 잘됐다! 너 그게 뭘 의미하는지 아니?"

"아니요, 아빠, 그게 뭘 의미하는데요?"

"팀의 주장이 되려면 무엇을 해야 할까? 네가 이끌어야 해. 네가 롤 모델이 되어 모범을 보여야 하는 거야. 네 영향력을 현명하게 사용해야 해."

"내가 리더라고요? 앨런이 꽥 소리를 지르며 물었다.

"맞아, 앨런. 네가 리더야."

농구부 주장이 되고 나서 앨런은 확실히 변했다. 물론 학교에서는 여전히 전화가 왔다. 앨런은 여전히 앨런이었다. 하지만 새로 리더의 역할을 하게 된 덕분에 앨런은 자신의 영향력에 대해 더 신경을 썼다. 그리고 자신의 영향력에 대한 책임감을 받아들이기 시작했다. 누구에게나 영향력은 있다. 수업을 방해하는 장난꾸러기 10대에게도 말이다!

요약: 자기진단

1. 당신은 하루 동안 몇 명의 사람들에게 영향을 미쳤는가? 또는 하루 동안 몇 명의 사람들에게 영향을 미칠 수 있다고 생각하는가?

2. 당신이 사람들에게 긍정적인 영향력을 갖는다는 사실을 보다 잘 깨닫고 인지할 수 있는 방법이 있는가?

3. 어떤 구체적인 행동으로 오늘이나 내일 다른 사람의 삶에 긍정적인 영향을 줄 수 있는가? 구체적으로 어떤 말로 사람들에게 영향을 줄 수 있는가? 사람들에게 긍정적인 영향을 줄 행동을 하거나 말을 하는 데 현실적인 또는 정신적인 걸림돌이 있는가?(예를 들면, 당신이 영향을 미치려는 사람이 언짢은 사람이거나 접근하기 어려운 사람인가? 표현하기가 쑥스럽거나 무슨 말을 해야 할지 모르는가?) 이런 걸림돌들을 잘 극복할 수 있겠는가?

4. 당신이 태어나지 않았다고 가정하자. 당신이 없었다면, 당신 주변의 사람들의 삶은 지금과 어떻게 달라졌겠는가?
이를 통해 알 수 있는 당신의 영향력은 무엇인가? 이로 인해 당신 스스로를 보는 관점에 변화가 생겼는가? 지금부터 다른 삶을 살고 싶어지진 않는가? 그렇다면, 어떻게 다르게 살겠는가?

5. 벅 오닐이 말했다. "오늘날 정말 많은 아이들이 한 부모 가정에서만 자라고 있습니다. 내가 누린 것을 그들은 누리지 못합니다. 아이들은 모든 필요한 도움을 외부에서 더 많이 찾아야 합니다."

가족, 교회, 이웃과 같이 당신 주변에 있는 공동체들이 어린아이들의 삶에 어떤 긍정적인 영향을 줄 수 있겠는가?

제3장.
변화의 시작

그랜저가 몬태그에게 말했다. "저의 할아버지는 수년 전에 돌아가셨지만, 제 두개골을 들어내면… 제 뇌의 주름을 따라 할아버지의 큰 엄지손가락 지문이 남아있을 거예요. 할아버지는 제 삶에 깊숙이 자리잡고 계시죠."

—레이 브래드버리Ray Bradbury, '화씨 451'

2009년, 스포츠 잡지 〈더 스포팅 뉴스The Sporting News〉는 명예의 전당에 오른 선수와 감독으로 심사위원단을 구성해, 종목에 상관없이 역사상 가장 위대한 감독 50인을 선정했다. 위원단이 선정한 1위는 전설적인 인물, 존 우든John Wooden, UCLA 브루인스Bruins 감독이었다. 그가 가지고 있는 독보적인 기록, NCAA 미국대학농구 12년간 10회의 우승 기록은 아마 앞으로도 깨지지 않을 것이다.

그가 은퇴한 이후 수십 년 간 가르친 선수들-카림 압둘 자바 Kareem Abdul Jabbar, 게일 굿리치Gail Goodrich, 월트 하자드Walt Hazzard, 앤 디 힐Andy Hill, 빌 월튼Bill Walton을 포함한 많은 선수들-이 캘리포니아 엔치노Encino에 있는 우든 감독의 집을 성지순례 하듯 다녀갔다. 그 들은 우든에게 조언을 구하고, 우든이 그들의 삶에 미친 영향을 고 마워했다.

나는 우든을 다룬 책 〈우든 감독처럼 되는 법How to Be Like Coach Wooden〉 그리고 〈우든 감독: 그의 삶을 움직인 7가지 원칙Coach Wooden: The Seven Principles That Shaped His Life and Will Change Yours〉을 집필 하면서, 그의 인생의 마지막 10년을 그와 함께 했다.

1962년, 내가 웨이크 포레스트 대학교 4학년이었을 때, 그를 처음 알았다. 그 해 렌 차펠, 빌리 패커, 그리고 본스 맥키니 감독이 이끄 는 우리 농구부는 4강에 진출했다. 그리고 우든이 이끄는 브루인스 도 같은 해에 4강에 진출했다.

웨이크 포레스트는 4강전에서 오하이오 주에 패하고, 3,4위 결정 전에서 우든 감독의 브루인스를 이겼다. 우든 감독은 NCAA에서 아 주 오래 전에 패한 이후로 그때까지 패한 적이 없었기 때문에 그 경 기는 상당한 의미가 있었다. 그는 다음 수십 년 동안 10번의 NCAA 우승과 88연승, 그리고 NCAA 대회 38연승을 기록하며 대학농구에 서 최다 승리 감독이 된다.

나는 그를 개인적으로 알게 된 이후로 그와 만나는 날을 학수고대

했다. 나는 그의 영향력과 지혜, 가치관, 믿음, 조언 그리고 분위기까지 하나도 빠짐없이 흡수하고 싶었다. 내가 60대의 나이에 처음으로 그와 얼굴을 맞대고 이야기를 나눴음에도 불구하고, 나는 그가 나를 가르치고, 지도하고, 조언했다고 느낀다. 그리고 그가 나를 자랑스러워하길 바랐다. 그가 내게 얼마나 큰 의미를 갖는지, 그리고 그가 내 삶에 얼마나 깊이 영향을 미쳤는지 알아주길 바랐다.

우든과 나는 서로 대륙의 반대편 끝에 살았지만 그는 내 인생에 없어서는 안 될 사람이 되었다. 나는 우든 감독에 대한 책이나 그가 쓴 책들을 읽고, 그의 격언들('우든주의'라고 알려진 것들)을 외웠다. 무엇보다도 나는, 그가 나를 포함한 수백 명의 삶에 영향을 준 그의 방식대로 다른 사람의 삶에 영향을 주고 싶었다.

우든이 은퇴한 후에 어떤 사람이 그에게 감독으로서 가장 그리운 한 가지가 무엇인지 물어봤다.

"나는 선생입니다. 그래서 젊은 청년들을 지도해주던 때가 가장 그립습니다."

우든이 89세에 세상을 떠나고, 그의 가장 유명한 제자, 압둘 자바가 월간지 〈로스엔젤레스〉에 그를 기리는 글을 썼다.

"그의 지도를 받았던 선수들은 운이 좋았습니다. 우리는 그를 단지 농구를 변화시킨 위대한 감독으로 기억하는 것이 아니라 우리의 삶을 변화시킨 위대한 인물로 기억할 것입니다. 그는 단지 최고의 운동선수가 되는 법만을 가르친 것이 아니라 우리가 할 수 있는 한 최선의 인 간이 되는 법을 가르쳤습니다.

그는 천재적인 감독이자 멘토였습니다. 우리는 그가 우리의 인생에 서 값진 교훈들을 가르치고 있다는 것을 알아채지 못했지요. 우리는 그의 훈련과 그가 남긴 교훈들이 우리 삶에서 가장 중요한 부분, 즉 스 포츠 선수를 넘어 한 인간으로서의 삶을 위한 것이었다는 사실을 깨 닫지 못 했던 것입니다. 나는 거의 매일 우든 감독이 남긴 교훈들을 생 각합니다."

존 우든 감독이 그의 선수들, 동료, 팬들에게 미친 영향력이란 그 런 것이다. 그리고 그는 베테랑 스포츠 경영인인 나, 팻 윌리엄스에 게도 똑같이 건전하고 긍정적인 영향을 미쳤다.

섬기는 리더십(서번트 리더십)

댄 저디스Dan Gerdes 박사는 〈폭풍속으로Through the Storm〉와 〈인격 코칭Coaching for Character〉의 저자이다. 내가 몇 년 전에 그를 인터뷰 했을 때 그는 다음 세대에 영향을 주는 사람들은 그들의 영향력을 "자기만족이 아닌 남을 섬기는 데" 사용해야 한다고 말했다.

"우리는 선생으로서 또는 코치로서, 젊은 사람들에게 남을 이끄는 일은 남을 섬기는 일이라는 생각을 심어줘야 합니다. 제가 대학교 농구부에 있었을 때, 제 코치님들이 '리더십은 희생이다'라고 말씀하셨습니다.

리더는 다른 사람들이 보지 못하는 것, 알지 못하는 것, 감사하게 생각하지 않는 것, 그런 모든 것들을 행합니다. 리더는 섬기는 사람이 되는 것입니다."

1976년 가을, 내가 필라델피아 세븐티식서스 단장으로 일할 때 나는 '닥터 제이Dr. J' 즉 전설의 줄리어스 어빙Julius Erving을 우리 팀으로 스카우트하기 위해 공을 들이고 있었다. 그는 전혀 새로운 방식으로 경기를 펼치면서, 링 위에서(그의 특유의 '슬램덩크'처럼) 화려한 플레이를 하고, 크로스오버 드리블과 노룩 패스를 선보였다.

그는 뛰어난 위상과 경이적인 기록을 남겼지만, 남을 위해 봉사하는 겸손한 사람이었다. 1980년에 세븐티식서스가 그와 계약하기 위해 협상하고 있을 때, 나는 그에게 뉴욕 쉬룬 호에서 있을 아이들의 여름 캠프에 농구수업을 해달라고 부탁했다. 그리고 나는 캠프 측이 돈을 지불할 능력이 없다는 것도 그에게 말했다. 그가 말했다.

"그런 건 걱정 마세요. 아이들을 만난다는 것만으로도 기쁩니다."

1981년 7월, 나는 올버니에서 그를 만나 캠프까지 동행하기로 했다. 그는 도착했을 때, 콜로라도에서 다른 농구 캠프를 마치고 바로 와서, 서너 시간 동안 겨우 눈을 붙인 상태였다. 우리는 천 명의 아이들이 농구수업을 들으려고 모여 있는 섬으로 보트를 타고 들어갔다. 캠프는 그를 환영하는 의미에서 밴드와 퍼레이드, 리본과 깃발을 준비하고, 아이들은 크게 환호했다.

그날은 뜨거운 여름날이었고, 그는 피곤해보였다. 하지만 그는 적극적으로 캠프에 참여하고, 가진 기술을 전부 보여주었으며, 친절하게 대해 주는 등 아이들에게 잊을 수 없는 추억을 남겼다. 수업이 끝나고, 나는 그를 공항으로 다시 데려다주면서 그가 보여준 행동들-보답을 바라지 않으면서 그 아이들을 위해 봉사한 것-에 대해 정말 많이 고마워했다.

그는 겸손하게 손을 저으며, "그것은 저에게 주어진 유일한 특권입니다"라고 말했다.

닥터 제이에 얽힌 또 다른 이야기는 나의 친구, 존 가브리엘에게서도 들을 수 있다.

"팀에 전세기가 생기기 이전의 일인데… 팀이 1983년 NBA 챔피언십에서 우승을 한 다음날 아침에, 선수들은 공항으로 가기 위해 호텔 미니밴에 탑승했습니다. 줄리어스는 맨 앞줄 빈자리에 앉아, 그의 옆에 앉은 23살의 비디오 촬영기사의 어깨에 팔을 두르며 말했습니다.

'게이브, 자네 이번 시즌에 정말 훌륭했어!'

그 젊은 촬영기사가 바로 접니다. 저에게는 이날 이때까지 그의 말 한 마디가 잊히지 않습니다. 저는 그의 배려를 절대 잊지 못할 겁니다."

서비스 업종에 일하는 사람들, 특히 리무진 운전기사 또는 식당 종업원들로부터 섬기는 사람에 대한 사례를 쉽게 들을 수 있었다.

내가 강연을 하러 시카고에 갔을 때, 섬김의 마음을 가진 한 훌륭한 사람의 삶에 대한 놀라운 이야기를 듣게 됐다. 짐이라는 운전기사가 내 리무진을 운전해주었는데, 그의 기억 속에는 가수, 레이 찰스Ray Charles가 크게 자리하고 있었다. 짐이 말했다.

"저는 레이 찰스를 태우고 하루 동안 시카고를 돌아다녔습니다. 그리고 그 다음날 아침에 피츠버그로 떠나는 그를 공항까지 데려다줬습니다. 그가 저에게 가족관계가 어떻게 되는지 물었고, 저는 앞을 보지 못하는 제 형이 피츠버그에 살고 있다고 말했습니다. 앞을 보지 못하는 레이는 무척 관심을 보이면서 제 형에 대해 알고 싶어 했습니다. 그는 제 형의 연락처를 물어봤습니다. 저는 그런가보다 하고 있었는데, 훗날 형한테서 전화가 왔습니다. 그는 완전히 흥분해서 제게 말했습니다.

'내가 오늘 누구랑 점심을 먹었는지 알아?'

'음, 레이 찰스?'

'어떻게 알았어?'

형은 내 대답에 충격을 받았어요. 그래서 제가 레이 찰스와 나눴던 대화를 형에게 들려줬습니다. 알고 보니 레이가 피츠버그에 도착하자마자 처음으로 한 일이 곧장 형의 집을 찾아가서 그를 데리고 나가 같이 점심식사를 한 겁니다. 저와 가족은 절대 그 일을 잊지 못할 거예요."

내가 리무진 기사들과 이야기를 할 때 가장 자주 듣게 되는 이름이 콜린 파월Colin Powell 장군이다. 몇 년 전, 나는 필라델피아에서 열린 한 세미나에서 강연을 했다. 내 운전기사는 조엘 리치맨이었다.

"파월 장군에게 제가 베트남 전쟁에 참전했었다고 말하자, 그는 저를 피를 나눈 형제처럼 대했습니다. 그는 진정으로 저를 존중하고 생각해줬습니다. 그는 저의 삶이 어떤지, 혹시 제가 필요한 것이 있는지 알고 싶어 했습니다. 저는 전역을 했는데도, 그는 저를 그의 부대원처럼 대해줬습니다."

몇 년 후에 내가 강연을 하러 신시내티에 갔을 때, 내 운전기사 밥 워드도 파월 장군에 대해 이야기했다.

"그는 전용기를 타고 신시내티 근처의 작은 공항에 도착했습니다. 그는 호텔에 가기 전에 셔먼 하우스라는 곳에 들러야 한다고 말했습니다. 제가 한 번도 들어본 적이 없는 곳이라서 제 운행관리원한테 전화해서 가는 길을 알려달라고 했습니다. 운행관리원은 셔먼 하우스가 위험한 동네에 위치하고 있다고 말해줬습니다.

하지만 파월 장군은 그곳에 꼭 가야한다고 했습니다. 알고 보니 그곳은 집이 없는 참전용사들이 살고 있는 공동거주시설이었습니다. 저도 파월 장군을 따라 안으로 들어갔습니다. 그는 20분 동안 그곳에 사는 참전용사들과 이야기를 나눴습니다. 그는 그들이 즐거운 시간을 보내게 해주었고, 그들은 소리 내어 많이 웃었습니다. 마지막에, 장군은 그들에게 그들의 희생에 대해 감사의 뜻을 전했습니다. 그들이 같은 나라 사람에게서 '정말 감사합니다' 소리를 들은 것은 분명 상당히 오랜만이었을 겁니다.

그러고 나서 저는 그를 호텔로 모셨습니다. 파월 장군은 강연이 있어 신시내티에 왔지만, 제 생각에, 그의 머릿속에서는 셔먼 하우스에서 참전용사를 만나는 일이 그가 신시내티에 온 진짜 이유였는지 모릅니다."

역사상 마하트마 간디Mahatma Gandhi만큼 세계인들에게 지대한 영향을 끼친 사람은 드물 것이다. 그는 인도의 독립 운동을 이끌었고, 비폭력-무저항주의의 선구자로서 시민 권리와 자유를 얻기 위해 투쟁했다. 그의 선례는 그를 뒤따르는 많은 시민운동 지도자들-일부만 열거하면, 마틴 루터 킹 주니어, 넬슨 만델라, 스티브 비코, 베니그노 아키노 주니어-에게 영감을 주었다.

간디는 영국통치 하에 있는 인도의 해방운동을 하는 동안 결코 권력을 추구하지 않았다. 그는 스스로를 그저 그 나라에서 가장 힘이 없는 사람들과 동일시했다.

그는 열차를 타고 이동할 때 3등석을 이용했다. 그는 가축운반차에 끼어 앉아 열기, 오물, 악취가 있는 비참한 환경에서 이동했다. 누군가 간디에게 3등석을 이용하는 이유에 대해 물었고, 그는 "4등석이 없었기 때문입니다"라고 답했다.

당신이 다른 사람에게 영향을 미치기를 바란다면, 섬기는 사람이 되어라. 그의 창문이 더러우면 창문을 닦아주고, 잔디 손질이 필요한 사람이 있으면 그의 잔디를 손질해줘라. 친구가 없는 사람을 찾아 그의 친구가 되어주고, 아이에게는 책을 읽어주어라. 노숙자 쉼터에서 그들에게 식사를 만들어주면 어떻겠는가. 영향력 있는 사람이 되고 싶은가?

그렇다면 섬기는 사람이 되어야한다.

멘토링

나는 2008년 10월, 내가 졸업한 고등학교의 제50회 동창회에 참석했다. 타워힐 고등학교는 델러웨어 윌밍턴에 위치한 상당히 작은 사립학교였다. 그 동창회에 몇 명의 오래된 친구들이 불참했지만, 1958년 졸업생이 다수 참석했다. 우리는 윌밍턴 근처에 위한 컨트리클럽에서 토요일 밤 연회를 열었고, 나는 행사관계자들의 부탁으로 진행을 맡았다.

그날 저녁 나는 동창들에게 물었다.

"타워힐의 선생님들 가운데 어느 분이 당신의 삶에 가장 많은 영향을 주었습니까?"

우리는 돌아가며 이야기를 했고, 그들의 대답은 나를 놀라게 했다. 많은 선생님들의 이름이 나왔지만, 참석한 동창들의 거의 대부분이 기억하는 두 분의 선생님이 계셨다. 7학년 영어선생님, 버클 씨 그리고 12학년 영어선생님, 오비애트 씨였다.

두 분 선생님은 에너지와 열정이 넘치는 사람이었고, 그들은 공부하는 재미를 주었다. 물론, 그들이 학생들에게 많은 것을 바라고, 높은 기준을 갖다 댔을 수도 있지만, 이제는 이 두 분 선생님 밑에서 공부한 모든 사람이 지난 반세기를 돌아보고 이렇게 말하고 있는 것이다.

"그 분들은 내 삶에 오래 남을 영향을 주셨어. 그 분들이 없었다면, 지금의 나도 없었을 거야."

나는 특히 오비애트 선생님은 독창적인 수업방식으로 학생들에게 특별한 인상을 남겼던 것을 기억한다. 만약 당신이 에세이를 제출했는데, 오비애트 선생님이 생각하기에 당신이 의미 없는 문장들로 에세이를 채웠다면, 그는 여백에 부러진 삽을 그려 넣을 것이다(이것은 당신이 너무 많은 가축비료를 퍼 넣다가 당신의 삽을 부러뜨렸다는 의미이다). 그는 또 끝을 잘라낸 야구방망이를 들고 교실을 돌아다녔는데, 그것은 위협을 위한 것이 아니라, 그의 트레이드마크였다. 그는 거친 남자의 이미지를 갖고 싶어 했던 것 같다. 그렇지만 그 누구도 오비애트 선생님이나 그의 방망이를 두려워하지 않았다. 우리는 그를 존경하고 사랑했다.

두 분 선생님은 단순히 교사가 아니었다. 그들은 멘토였다. 그들은 모든 학생들과 상담을 했다. 만약 누구든지 학교에서 또는 개인적으로 문제가 있으면, 그들을 찾아가 상의하면 됐다. 졸업 후 수십 년 동안 나의 동기들은 두 분과 연락하며 지냈다.

많은 사람들이 멘토링을 '단지' 한 번에 한 사람에게만 영향을 미치는 미시적인 영향력으로 착각한다. 하지만 두 분 선생님이 멘토링으로 이룬 것을 보라. 그들은 동창회에 있던 모든 사람의 삶에 아주 깊은, 그리고 삶을 바꿀 정도의 영향을 미쳤다. 그 영향은 그들이 타워힐 고등학교에서 근무한 햇수만큼 커지고, 그 영향은 또 그들의 학생들이 다른 사람에게 미친 영향만큼 커진다. 당신은 멘토링의 영향이 셀 수 없이 많은 삶을 강력하게 변화시키면서 멀리 퍼져나가는 모습을 보게 될 것이다.

나는 수 년 동안 내 직업의 멘토로 여러 감독과 선수, 그리고 구단주를 생각해왔지만, 2008년 10월의 그날 밤 이 두 분의 선생님에 대한 이야기를 들으면서, 나는 두 분 선생님이 분명히 내 삶에 중요한 영향을 미쳤던 사실을 깨달았다. 그들은 강연자이자 저술가로서의 나의 제2의 경력에 학문적인 기초를 세워준 사람들이었다.

내가 이 책을 쓰는 동안, 〈뉴욕타임스〉가 하버드와 콜롬비아 대학교 연구원들이 수행한 연구-250만 명의 학생들을 20년 동안 조사-를 1면에 소개한 적이 있다. 연구원들은 다른 모든 외부적인 요소를 배제한 뒤에 수준 낮은 선생님, 보통 수준의 선생님, 훌륭한 선생님을 구별하고, 그들이 학생들에게 장기적으로 미치는 영향을 연구했다. 그들은 학생들의 대학진학 여부, 소득 수준, 임신시기, 그 밖의 자료를 바탕으로 학생들의 삶을 분석했다.

"결과는 인상적이었다. 〈뉴욕타임스〉는 '훌륭한 선생님'의 가르침을 받은 학생들이 10대에 임신할 가능성이 적고, 대학에 진학할 가능성이 높으며, 성인이 되어 돈을 많이 벌 가능성이 높다고 결론지었다."

이 연구결과는 학생 개개인과 사회 전체에게 광범위한 의미가 있다. 연구원들은 수준 낮은 선생님을 단순히 보통 수준의 선생님으로 교체할 경우 학급의 한 학생 평생 소득이 26만6천 달러 높아지는 점을 발견했다. 다시 말해, 수준 낮은 선생님은 한 학급의 학생들의 평생 소득을 100만 달러의 4분의 1만큼 끌어내릴 수 있다. 논문의 공동저자인 존 N. 프리드먼John N. Friedman은 "만약 당신이 수준이 낮은 선생님 한 명을 10년 동안 학교에 둔다면… 당신은 가설적으로 약 250만 달러의 수입을 잃는다는 뜻입니다"라고 결론을 내렸다

버클 씨와 오비애트 씨처럼 진정으로 사람들의 삶을 형성하는 훌륭한 선생님 또는 멘토는 그만큼의 가치를 학생들의 삶과 우리 사회와 경제에 더 해준다고 말할 수 있다.

또한 훌륭한 선생님과 멘토는 학생들이 굴곡 없이 대학을 졸업하고, 학교에 남아 학문을 연구하고, 10대 때 임신을 피하며, 보다 만족스럽고 사회적으로 책임감 있는 삶을 살도록 영향을 미친다.

스탠퍼드 대학 후버 연구소 선임연구원 에릭 A. 하누섹Eric A. Hanushek은 다음과 같이 말했다.

"모든 사람이 선생님의 역할이 매우 중요하다고 생각한다. 이 논문 및 연구는 그들의 역할이 아마 사람들이 생각하는 것 이상으로 중요하다는 것을 보여준다… (그리고) 정말 훌륭한 선생님과 그렇지 않은 선생님의 차이는 아이들에게 일생동안 영향을 준다."

우리가 멘토와 영향력 있는 사람을 필요로 하는 곳은 교실만이 아니다. 우리는 스포츠 팀에서, 사업장에서, 군대에서, 이웃에서, 가정에서도 멘토를 필요로 한다. 젊은 기업가, 경영인, 과학자, 의사, 작가, 음악가, 예술가, 운동선수, 선생님, 종교인 등 그 누구도 멘토를 필요로 한다.

소방부대대장 존 샐커John Salka는 30년이 넘게 뉴욕 소방대에서 근무했으며, 부대원들의 멘토이자 교관이며 강연자이다. 샐커는 그의 저서 〈소방관 리더십: 가장 먼저 들어가고 가장 최후에 나와라First In, Last Out〉에서 이렇게 말한다.

"멘토링은 대체 무엇인가? 많이들 쓰는 용어이고, 이 용어가 무엇을 의미하는지 모르는 사람은 없겠지만, 나는 이 용어를 자신 있게 정의내릴 수 있는 사람을 거의 만나지 못했다.

멘토링은, 간단히 말하면 가르침과 투명성이다. 당신이 어떤 사람을 학생이라 가정하고, 그의 질문에 답해주고, 일을 어떻게 하는지 보여주는 것이다. 그에게 익숙한 언어로 설명하는 것이다. 즉 멘토링은 가르침을 그럴듯하게 표현한 것이다."

멘토가 되려면, 당신은 삶을 살아가면서 지식, 지혜 그리고 좋은 품격을 갖춰야 한다. 당신은 사람들과 가깝고 개인적인 관계를 형성하여 영향을 미치는데 기꺼이 헌신해야 한다. 당신은 사람들에게 관심을 가져야 하고, 당신은 사람들을 공정하고 객관적으로 비판할 수 있어야 한다. 당신은 사람들을 위해, 그들의 말에 경청하는데, 그들을 지도하는데, 그들에게 책임을 부여하는데 있어 당신의 시간을 기꺼이 내줘야 한다.

온 세상이 아는 가장 위대한 멘토링의 본보기는 나사렛 예수Jesus of Nazareth이다. 그는 그의 열두 제자와 한자리에서 그리고 개별적으로 아주 많은 시간을 보냈다. 그는 그들과 관계를 형성하고, 그의 비전을 전했다. 그는 제자들의 강점과 약점, 희망과 두려움, 그리고 재능과 결점을 잘 알고 있었다. 그는 열두 제자와 가까운 관계를 형성하는 과정에서 그들에게 인격을 갖추어 주고 용기, 진실성, 인내, 그리고 겸손을 나눠줬다.

동기부여

오랫동안 메이저리그 야구 감독이었던 스파키 앤더슨Sparky Anderson은 40년이 넘게 나의 다정한 친구였다. 그는 언젠가 나에게 플로리다 주 윈터 해이븐Winter Haven에서 레드 삭스를 상대로 한 동계훈련 연습경기에서 있었던 사건에 대해 얘기해줬다.

경기 전, 타격연습을 하는 도중에 한 남자가 스파키에게 다가와 악수를 청했다.

"안녕하세요, 스파키 씨. 저는 테드 윌리엄스라고 합니다."

물론 당연히 스파키 앤더슨은 야구 역사상 가장 훌륭한 선수인 테드 윌리엄스Ted Williams를 알고 있었다.

"테드" 스파키가 말했다.

"재밌으시군요! 자신을 소개하다니요! 당신이 스스로 소개하지 않아도, 사람들은 당신을 알고 있습니다. 적어도 저는 그렇습니다."

"오, 아닙니다. 그렇게 해야 합니다. 당신이 저를 기억하지 못해 당황하는 일을 결코 만들고 싶지 않습니다."

스파키는 마지막으로 이렇게 말했다.

"사람이 정말 품위가 있더군! 내가 당황하는 일이 없도록, 그는 스스로 자신을 소개했어. 테드가 자신을 소개한 그날 이후로 나도 그를 따라 그렇게 하도록 노력했다네. 내가 누군가를 만날 때마다 나는 항상 악수를 건네며 말하지.

'안녕하세요, 저는 스파키 앤더슨이라고 합니다.'

대수로운 일은 아니지만, 내가 상대방을 중요하게 생각한다는 느낌을 줄 수 있다네. 그렇게 해서 상대방의 기분을 좋게 만들 수 있다면, 안 할 이유가 없지 않은가?"

테드 윌리엄스와 스파키 앤더슨은 사람들에게 동기를 부여해주는 삶을 살면서, 사람들이 자신감을 가질 수 있도록 도왔다.

동기부여의 또 다른 의미는 고양하기이다. 고양한다는 것은 누군가를 높이는 것을 의미한다. 둘은 모두 쌓아서 높인다는 의미를 갖고 있다. 우리가 우리의 영향력으로 다른 사람에게 영향을 미치고 싶다면 그들을 높여주어야 한다. 불행하게도 너무 많은 사람들이 남을 높이기보다 무너뜨리기를 더 잘한다.

오랫동안 알라바마 크림슨 타이드Alabama Crimson Tide의 미식축구 감독이었던 폴 '베어' 브라이언트Paul 'Bear' Bryant는 그의 멘토이자 감독이었던 프랭크 토머스Frank Thomas를 회상했다. 프랭크 토머스는 그에게 용기를 불어넣어 그가 선수로서 자신에 대한 믿음을 갖게 해줬다.

"나는 결코 잊지 못한다. 우리는 1935년 로즈볼 대회에 참가하기 위해 가고 있었다. 나는 열차에 있는 남자휴게실로 갔다. 토머스 감독이 그곳에 앉아있었다. 그의 옆에는 다른 코치들과 LSU 체육부장, 레드 허드와 두세 명의 신문기자들이 있었다.

'레드, 이 친구가 최고야. 우리 팀에서 최고의 선수라네.'

나는 그 때 정말 잘할 수 있을 것 같은 기분이 들었다. 나는 이제 그가 한 말이 무슨 의미인지 안다. 이제는 나도 그처럼 하고 있다. 나는 그날 경기에서 알라바마를 위해 죽도록 뛰었다."

다른 사람에게 용기를 불어넣는 가장 좋은 방법은 중요한 순간에 동기부여를 하는 것이다. 우리는 단지 공허한 칭찬을 아무 때나 남용해서는 안된다. 사람들은 그것을 알아본다. 공허한 칭찬은 금세 공허한 제스처로 알아차린다. 하지만 적절한 때에 긍정의 말, 엄지손가락, 미소, 머리 끄덕임 등은 당신을 믿는 사람들에게 강력한 영향력을 미칠 수 있다.

당신이 사람들에게 영향을 미치고 싶다면, 손 편지에 칭찬의 말을 써서 건네라(이메일하고는 다르다). 왜 우리는 글로 사람을 칭찬해야 하는가? 손 편지는 소중히 보관해뒀다가 읽고 또 읽고 심지어 액자에 넣어둘 수도 있기 때문이다. 용기를 주는 말들은 카드나 개인적인 문구류에 적혀있을 때 더 큰 영향력을 갖는다.

동기부여의 또 다른 원칙은 혼자 있을 때는 비판할 수도 있지만, 항상 남들 앞에서는 칭찬을 해주는 것이다.

척 댈리Chuck Daly가 올랜도 매직 감독이었을 때, 그는 내게, 그가 빅 부바스Vick Bubas, 1960년대에 듀크 대학 농구부 감독의 코치로 일하면서 얻은 교훈을 말해줬다.

"빅은 내게 말을 아끼는 법을 가르쳤습니다.
'선수들에게 언제 말을 해야 하는지, 언제 침묵을 지켜야 하는지' 내가 이 말을 하면, 이 선수가 얻는 것이 있는가? 아니면 그저 내 말을 더 안 듣게 될 것인가?' 빅은 내게 항상 이렇게 자문하라고 했습니다.
나는 가끔씩 말 그대로 입 안에 주먹을 넣거나 다른 곳을 찾거나, 내가 생각하고 있는 말을 쉽게 내뱉지 않으려고 무엇이든 합니다."

내가 필라델피아 세븐티식서스 단장으로 일할 때 해럴드 카츠가 새로 구단을 인수했다. 카츠는 항상 관중수를 늘리려고 노력했다. 한번은 내가 그에게로 가서 새 홍보안-신과 조국의 밤-을 제안했다. 깃발을 흔들며 애국심을 고취하는 행사였는데, 전석이 매진됐다. 그 다음날, 카츠가 그의 사무실에 나를 불러 악수를 하더니 말했다.
"훌륭한 홍보였네, 팻! 자네가 내 아들인 것처럼 자랑스럽네!"
그의 격려는 정말 나를 붕 떠오르게 했다! 내가 그의 사무실을 나올 때, 나는 땅에서 15센티미터를 떠서 걷고 있었다. 나는 책상으로 돌아가서 더 많은 아이디어들을 생각해내기 시작했다. 2주

뒤에 나는 다른 홍보기획안을 제안했다. 하지만 스팀롤러가 누르고 지나간 토르티야(밀가루나 옥수수가루를 이용해서 빈대떡처럼 만든 멕시코의 전통음식-역주) 보다 더 납작하게 망해버렸다. 당시의 그 홍보는 팬들을 경기장으로 끌어오지 못했을 뿐만 아니라 오히려 팬들을 쫓아낸 것 같았다.

다음날 아침 카츠가 그의 사무실로 나를 불렀다. 이번에는 그의 낯빛이 아주 안 좋았다.

"이게 도대체 무슨 얼간이 같은 아이디어인가, 윌리엄스? 프로스포츠 역사상 최악의 홍보일 걸세! 이 일에 대해서 감봉으로 자네의 책임을 묻겠네!"

그가 실제로 내 봉급을 깎을 수는 없었다. 하지만 그는 진심으로 한 말이었다. 나는 내 일자리가 위태롭다고 생각하고, 그때부터 위험을 감수해야 하는 창조적인 일을 하기를 주저했다. 내가 아이디어를 브레인스토밍 할 때마다 카츠 씨가 나를 감시하는 기분이 들어, 한동안 안전한 길을 택할 수밖에 없었다. 어느덧 위축되어 있는 내 자신을 발견할 수 있었다.

만약 당신이 사람들에게 영향을 미치고, 그들이 창조적인 위험을 감수하고 대단한 일을 시도할 수 있게 하려면, 그들을 세우되, 끌어내리지 말아야 한다. 그들이 실패하면 일으켜 세워, 스스로에게 다시 믿음을 가질 수 있도록 도와야 할 것이다. 나는 사람들이 나를 실망시킬 때마다 그 교훈을 기억하려고 노력한다.

당신이 사람들을 격려하고, 그들에게 동기를 부여함으로써 영향을 미칠 때, 그 효과는 당신과 상대방 모두에게 긍정적인 힘으로 나타난다. 나는 리제트 돌비Lisette Dolby라는 젊은 여성이 구세군을 대표하여 여러 행사에서 강력하고 설득력 있는 강연을 하는 것을 본 적이 있다. 그녀의 강연을 들었다면, 당신도 그녀의 따뜻함과 진정성에 감명을 받았을 것이다. 어느 날 나는 그녀의 강연이 끝난 뒤에 나를 소개하고, 그녀가 앞날이 밝은 아주 설득력 있는 연사가 될 것 같다는 나의 생각을 그녀에게 말했다. 나는 그녀가 나를 '와'하게 만든 것처럼 앞으로도 청중을 '와'하게 만들어달라고 그녀를 격려했다. 며칠이 지나서 나는 편지 한통을 받았다.

친애하는 윌리엄스 씨께-

지난 유나이티드웨이 만찬에서 제 강연이 끝나고 당신이 저에게 해주신 격려의 말씀을 저는 절대 잊지 못할 겁니다. 당신의 격려 덕분에 저는 계속 사람들을 '와'하게 만들기 위해 항상 가치 있는 내용들을 준비하고 있습니다. 고맙습니다!

-리제트 돌비

그 편지는 오히려 내게 용기를 불어넣어 주었다. 당신이 다른 사람에게 동기를 부여해서 그들이 자신감을 갖도록 영향을 주면, 그것은 틀림없이 당신에게 되돌아온다.

50년이 넘는 경력의 뉴스진행자 데이비드 브린클리David Brinkley는 그의 고등학교 선생님 한 분의 격려가 그의 경력의 토대가 되었던 일에 대해 이야기 했다.

"뉴하노버 고등학교의 버로우 스미스Burrow Smith 선생님의 영어 수업 때문에 세상이 달라졌습니다. 제가 어떤 것에 대해 몇 쪽의 글을 써서 그녀에게 보이면, 그녀는 실제로 그걸 읽고, 답을 달고, 그녀의 생각을 제게 말해주었고, 글이 좋다고 생각되면 좋다고 말했습니다. 글이 안 좋다고 생각되면, 무엇이 틀렸는지, 어떻게 고쳐야 할지 말해줬습니다. 몇 달 뒤에 그녀가 제게 말했습니다.

'데이비드, 내 생각에 너는 기자가 돼야 할 것 같구나.'

그 후로 나는 처음으로 기자에 대해 생각하게 됐습니다."

당신이 어떤 사람에게 용기를 주고 싶다면, 그들의 노력을 칭찬하라. 그들의 성공을 축하하고, 망설이지 마라. 어떤 말은 바로 그 순간에 전달해야만 한다. 그 순간이 지나면 그때는 이미 늦다. 그 순간을 놓치지 말고, 사람들이 듣고 싶어 하고, 그들을 움직일 수 있는 말을 건네라.

나는 펜실베이니아 주 서부의 워싱턴 시에서 열린 한 조찬행사에서 강연을 한 적이 있다. 올랜도로 돌아가는 비행기를 타러 피츠버그 공항까지 가는데 드웨인 더럼이 운전을 했다. 드웨인은 펜실베이니아 주 경찰관으로 25년간 일하고 52세에 조기 은퇴를 했다. 내가 그에게 일찍 은퇴한 이유에 대해 물었다.

"업무 스트레스가 많았습니다. 시민들 때문이 아니라, 조직 때문에
요. '이런 바보, 네가 일을 망쳤어' 그 한 마디가 유능한 직원 열 명을
그만두게 한다는 걸 알게 됐습니다."

사실이다. 용기를 잃게 하고, 사람을 좌절하게 하는 말은 놀라울
만큼 파괴적이다. 우리는 사람들에게 자신감을 심어줄 새롭고 창의
적인 말을 끊임없이 찾아야 한다. 그런 말에는 여러 가지가 있다.
"잘했어!", "계속 잘할 수 있어!", "너 없이는 못했을 거야!" 하지
만, 구체적이고 자세한 행동이나 실적을 칭찬하면 더 좋다.
"네가 그 어려움들을 이겨내는 것을 보고 우리도 더 열심히 일할
수 있었어."
"네가 그 흥분한 고객을 차분하고 프로답게 대하는 것이 인상 깊
었어."
존 우든 감독은 선수들에게 이렇게 말하곤 했다.
"골을 넣을 때마다, 네가 골을 넣을 수 있게 패스해준 선수 또는
공간을 만들어준 선수를 가리켜라."
"그가 다른 데를 보고 있으면요?"
가끔 선수들이 이렇게 물으면, 그는 이렇게 대답했다.
"분명히 보고 있다. 내가 장담한다!"

우리 모두는 누군가 우리를 격려하거나 용기를 불어넣어 주기를 바란다. 우리가 주변 사람들에게 힘을 불어넣을 때마다, 우리는 그들이 성공할 수 있게 돕는 것이다. 동기를 부여해서 용기를 갖게 하는 일은 우리 영혼을 위한 특효약이다.

2011년 5월, 내가 다발성 골수종 진단을 받은 지 4개월 만에 나는 플로리다 사라소타에서 열린 암 연구를 위한 딕 바이텔Dick Vitale 자선행사에 참석했다. 딕은 지미 발바노를 기념하는 브이(V)재단을 지원하기 위해 매년 이 행사를 열어 모금활동을 한다. 이 대규모 행사에는 매년 천 명 이상이 참석하는데, 딕의 농구 동료들, 선수들, 코치, 그리고 언론인들이 참석한다. 사랑스러운 폭스뉴스 진행자 에린 앤드류스(Erin Andrews, 당시 ESPN 진행자)가 그날 저녁 사회를 맡았다.

나는 이전에 에린을 만난 적이 없었다. 에린이 단상으로 나를 불러 이렇게 말했다.

"팻 윌리엄스 씨는 올랜도 매직의 공동설립자이십니다. 그는 지금은 암과 투병중입니다. 우리 모두는 당신을 위해 기도드리고 있어요, 팻."

그리고 그녀는 나에 대한 몇 가지 위로의 말들을 더 건네고, "큰 격려의 박수 부탁드립니다!"라는 말로 끝을 맺었다.

청중은 박수갈채를 보냈고 나는 에린의 말과 격려의 박수에 감정적으로 복받쳤다. 그것은 내 영혼을 위한 치료제 같았다.

그날 저녁은 훌륭했고, 행사가 끝난 후 사람들이 떠날 때 나는 연회장 한 가운데서 에린이 몇 명의 대학 코치들과 이야기를 나누는 것을 봤다. 나는 에린에게 다가가서 대화가 끊어지기를 기다렸다가 말했다.

"에린, 오늘 해줬던 위로의 말들 정말 고맙습니다. 당신과 청중들은 오늘밤 정말 내 영혼을 치료해 주었습니다."

그녀는 눈을 반짝이며 말했다.

"오, 팻, 우리 모두는 당신을 생각하고, 당신을 위해 기도하고 있어요. 힘내시고, 강해지시고, 많은 사람들이 당신이 꼭 이겨낼 수 있도록 응원한다는 걸 기억해주세요."

나는 TV에서 에린을 볼 때마다 그녀의 친절함, 그리고 그녀가 격려해준 말들을 생각한다.

이 책을 쓰는 동안에 나는 리타 브라운Rita Brown과 그녀의 딸, 젠 브라운과 점심을 먹었다. 리타는 유명한 체조선수였고, 국제올림픽위원회에서 체조부문에 관련된 일을 한다.

젠은 ESPN 해설자인데, 당신은 그녀가 목요일 밤 미식축구 경기를 중계하는 것을 아마 본적이 있을 것이다. 매력적이고 능력 있는 젠은 ESPN에서 고속 승진의 즐거움을 맛보고 있었다. 그녀는 또한 믿음이 깊고 신념이 강하며, 사람들에게 건전한 영향을 미치는 데에 그녀가 언론매체를 이용하여 할 수 있는 일이 더 있는지 알고 싶어 했다. 스포츠중계 외에 다른 방법이 없는지 고민했다.

"젠, 내 생각에 당신은 바로 지금 있는 곳, ESPN에서 당신이 사람들에게 끼치는 영향력을 깨닫지 못한 것 같아요. 스포츠의 세계는 영향력의 세계입니다. 잠시 상상해보세요. 만약 이 세상에 모든 스포츠가 없어진다면, 만약 프로 스포츠, 대학 스포츠, 올림픽, 청소년 스포츠가 더 이상 존재하지 않는다면, 이렇듯 스포츠가 없는 세상은 어떨지 상상해보세요. 이 나라가 어떤 모습일지 상상이 됩니까? 당신이 지금 TV에서 하고 있는 일은 믿을 수 없을 만큼 놀라운 경험이고, 다른 여성들은 거의 누릴 수 없는 위치에 있어요. 당신은 많은 사람들에게 영향을 미치고 있어요. 내게 큰 영향을 준 당신의 동료에 대한 이야기를 해줄게요."

나는 에린 앤드류스가 사라소타에서 있었던 행사에서 내 삶에 어떤 영향을 미쳤는지 이야기했다.

"젠! 에린 앤드류스는 그녀가 내게 했던 말들을 아마 오래 전에 잊어버렸을 거예요. 하지만 나는 절대 잊지 못합니다. 그 일은 8개월 전이었고, 지금 여기서 나는 당신에게 그 이야기를 하고 있습니다. 젠, 당신은 가는 곳마다 엄청난 영향을 미칠 수 있는 사람이라는 걸 잊지 마십시오."

대화 도중에-마치 짜기라도 한 것처럼-젊은 여종업원이 다가와서 젠에게 말했다.

"저는 당신을 알아요! ESPN에 나오는 그 앵커잖아요! 당신은 홀

룽해요! TV에서 당신을 보면, 나도 내 삶에서 뭔가 신나는 일을 할 수 있을 지도 모른다는 생각이 들어요! 저는 당신이 모든 사람들에게 좋은 영감을 주는 사람이라는 걸 알려주고 싶었어요.”

젠은 그녀에게 감사를 표하고, 적절한 격려의 말들을 건넸다. 여종업원이 돌아간 후에 나는 젠에게 “봤지?”하는 표정을 지었다. 동기부여의 영향력에 대해 더는 해야 할 말이 없다.

만약 당신이 사람들에게 건전한 영향을 미치고 세상에 긍정적인 영향을 미치고 싶다면, 다음 세 가지의 영향력에 집중하라. 섬기는 리더십, 멘토링, 그리고 동기 부여. 당신은 영향력을 갖기 위해 명예나 부나 권력을 가질 필요가 없다. 당신이 이름 뒤에 길게 나열된 커리어를 가진 산업계의 거두나 훌륭한 철학자가 될 필요도 없다.

당신은 그저 당신 자신이면 된다. 그저 기꺼이 사람들을 섬기고, 멘토링하고, 동기를 부여해주면 된다. 이것들은 누구나 사람들에게 건전하고, 긍정적인 영향을 미칠 수 있는 세 가지 현실적인 방법이다.

1949년 6월 2일, 필라델피아 쉐베 파크Shibe Park에서 야구의 역사가 새로 쓰였다. 신시내티 레즈Cincinnati Reds와의 경기에서 필리스가 8회에서만 5개의 홈런을 기록했다.

그 회에서만 델 에니스, 윌리 존스, 그리고 스쿨보이 로웨가 각각 하나씩 홈런을 기록하고, 나의 어린 시절 우상 앤디 세미닉Andy Seminick이 두개의 홈런을 기록했다. 필리스는 그 날 12대 3으로 우승했고, 그 경기는 역사책에 남게 됐다. 지금까지도 매년 6월 2일이 되면 전국의 스포츠기자들이 필리스가 한 회에 다섯 개의 홈런을 쳤던 그 날을 회고한다.

앤디 세미닉은 2004년에 세상을 떠났지만, 올랜도에서 멀지 않은 플로리다 멜버른에 살았던 적이 있다.

1990년대 초, 6월의 그날에 나는 그를 축하하고 함께 추억을 나누기 위해 그를 만났다.

"앤디! 나는 단지 오늘 당신의 이름이 미국 전역의 신문에 실렸다는 것을 말해주려고 이렇게 불렀습니다. 당신의 야구 인생에서 최고의 날을 기념하기 위해서예요."

그가 미소를 지었다. 그리고 나는 그의 눈에서 추억들이 새록새록 피어나는 것을 보았다.

"고맙네, 팻."

"앤디, 그날의 경기에서 뭐가 가장 생생하게 기억이 나십니까?"

나는 그가 투수에 대한 이야기나 점수가 얼마였는지 또는 그가 그날 두 명의 레즈 팀 투수, 켄 라팬스버거Ken Raffensberger와 켄트 피터슨Kent Peterson을 상대하면서 어떤 감정이 들었는지 등에 대한 이야기를 기대하고 있었다. 하지만 그는 그것들 중 어떤 것도 언급하지 않았다.

"가장 생생한 기억은 그 다음 날, 경기장에 가서, 내 사물함으로 갔는데, 내 사물함 위에 카팬터 씨에게서 온 손 편지가 있었네. 필리스 구단주 말일세. 나는 편지의 단어 하나, 하나를 기억하네.

'축하합니다, 앤디. 나는 당신이 자랑스럽습니다. 당신은 오늘 훌륭한 일을 해냈습니다.'

그것이 내가 그날 경기에 대해 가장 생생하게 기억하는 전부라네."

카팬터 씨가 앤디 세미닉에게 준 편지를 쓰는 데 많은 시간과 노력이 들지는 않았겠지만, 그 편지는 그에게 깊은 인상을 남겼다. 40년이 넘게 지나서도 그 편지는 앤디가 그의 가장 큰 위업에 대해 갖고 있는 가장 생생한 기억이었다. 그 한 장의 편지로 카팬터 씨는 앤디 세미닉을 돕고, 멘토링 하고, 그에게 동기를 부여했다.

요약: 자기진단

1. 당신이 아무런 보답을 바라지 않고, 다른 사람을 위해 무엇인가 했던 때-단지 누군가에게 긍정적인 영향을 미치고 싶었던 때-에 대해 이야기해보자. 결과는 어땠는가? 그 후에 어떤 기분이 들었는가?

2. 섬기는 사람이라는 말을 들으면, 머릿속에 어떤 그림이 떠오르는가? 당신의 삶속에 귀감이 되는 사람이 있는가? 그 사람이 당신 또는 다른 사람을 어떻게 섬기는지 구체적인 예를 제시해보자.

3. 당신의 삶에서 멘토는 누구인가? 그 멘토가 당신의 생각과 삶에 어떠한 영향을 미쳤는가?

4. 당신은 누군가의 멘토가 되어본 적이 있는가? 당신은 지금 누군가를 멘토링 하고 있는가? 그렇다면 누군가를 멘토링 하는 데서 오는 문제점과 어려운 점은 무엇인가? 누군가를 멘토링 하는 데서 오는 기쁨과 보상은 무엇인가?

5. 당신에게 동기부여란 어떤 의미인가? 당신의 삶에서 동기를 부여해주고 용기를 불어넣어 준 의미 있는 사람들이 있었는가?

제4장.
인격
· · · · · ·

> 나는 내가 사는 세상을 더 나은 세상으로 만들기 위해 나의 영향력을
> 사용하는 일이 권리일 뿐만 아니라 의무라고 믿는다. 그리고 나의 인
> 격, 그리고 인격을 발현할 수 있는 기회가 나의 영향력을 좌우한다고
> 믿는다.
>
> —아이다 클라이드 클라크Ida Clyde Clarke, 〈참정권에 대한 나의 신념, 1910〉

.

내가 단장으로 일할 때, 바비 존스Bobby Johnes는 필라델피아 세븐
티식서스에서 뛰어난 선수였다. 그는 훌륭한 수비수이자 양손잡이
골잡이였으며, 강한 리더이면서 진실성과 대단한 영향력을 가진 사
람이었다. 그는 코트 안에서는 격렬했지만, 코트 밖에서는 겸손하고
함부로 나서지 않았다.

바비가 식서스에 합류하자마자 처음으로 한 일은, 일요일 오후 경

기 전 예배활동에 대한 계획을 들고 나를 찾아온 것이다. 나는 좋은 아이디어라 생각했고, 우리는 거의 즉시 팀 예배를 시작했다. 첫 번째 예배에 단 세 명의 선수-식서스에서 바비와 줄리어스 어빙, 그리고 밀워키 선수인 켄트 벤슨-가 참석했다. 하지만 그 작은 모임의 시작에서, 팀 예배는 NBA를 거쳐, NFL과 메이저리그에까지 퍼졌다. 그것은 바비 존스의 인격의 한 부분에 지나지 않는다. 또 하나의 예가 있다.

어느 날 밤, 우리는 샌안토니오에서 경기를 하고 있었다. 루스볼(상대방 볼인지 자기편 볼인지 분명치 않은 상태의 볼- 역주)이 사이드라인을 넘어가자, 바비가 사이드라인 쪽으로 달려갔다.

"바비! 공에 손이 닿았나요?"

"아니요. 저는 안 건드렸습니다."

"식서스 볼." 심판이 말했다.

일주일 후에 우리는 필라델피아에 있는 스펙트럼 경기장에서 홈경기를 하고 있었다. 같은 심판이 이 경기에 배정됐다. 또 다시 공이 사이드라인을 넘어갔고, 바비가 공을 가지러 갔다. 이때도 심판의 시야는 가려져 있었다.

"바비" 심판이 불렀다.

"공에 손이 닿았나요?"

"네, 닿았습니다."

그래서 공은 상대팀으로 넘어갔다.

식서스 코치, 빌리 커닝햄Billy Cunningham은 발을 구르며 말했다.

"바비! 심판에게 콜 해!"

바비가 대답했다.

"진실을 콜 하나와 타협할 수는 없습니다."

여기 격렬하게 승리를 원하는 한 젊은이가 있었다. 하지만 그는 정직을 중요하게 여겼다. 선수들 중에 스스로 정직한 콜을 할 것이란 신뢰가 가는 선수는 거의 없다. 하지만 심판들은 바비 존스는 항상 진실을 말한다는 것을 알고 있었다. 그의 영향력은 불의와 타협하지 않는 그의 인격에서 비롯되었다. 인격은 영향력을 좌우하는 핵심적인 요소이다.

인격의 형성

영향력은 우리가 삶을 사는 방식으로 사람들의 마음과 생각을 변화시키는 능력이다. 그러므로 인격이 즉 영향력이다. 만약 당신이 인격에 결함이 있다면, 사람들에게 진실한 영향력이 미칠 수 없다. 하지만 만약 당신이 훌륭한 인격을 갖고 있다면, 당신은 주변 사람들에게 긍정적인 영향을 미칠 수밖에 없다. 좋은 샘물에서 신선한 물이 나오는 것처럼, 당신의 영향력도 당신의 인격에서 자연스럽게 흘러나온다.

사람들은 항상 당신을 지켜본다. 당신의 아이들은 당신이 속도위반을 하거나 회사의 물품을 집으로 몰래 가져온 것을 알고 있다. 당신의 직원은 당신이 기업윤리를 지키지 않거나 소비자들을 속인 것을 알고 있다. 당신의 직장동료는 당신이 지출보고를 속인 것을 알고 있다.

　당신은 끊임없이 주변 사람들에게 좋거나 나쁜 영향을 미치고 있다. 그러므로 사적인 시간에도 어딘가에 CCTV가 있다고 생각하면서 삶을 살아라. 당신의 말과 행동 사이에 어떤 작은 빛도 새어나오지 못하게 하라. 만약 당신이 당신의 인격을 지키고, 흠집 없는 진실을 추구한다면, 당신은 오래 지속되는 영향력을 갖게 될 것이다.

　나는 인격을 '우리가 유혹 또는 역경에 의해 시험에 들었을 때의 모습'으로 정의한다. 거짓말이나 도둑질의 유혹이 없을 때는 정직하기 쉽다. 위험, 압박, 그리고 감수해야할 것이 없을 때는 용기를 논하기 쉽다. 은행에 몇 십억 달러를 갖고 있으면, '관대하게' 몇 백만 달러를 기부하기 쉽다. 쉽게 할 수 있는 일은 인격 없이도 할 수 있다. 우리가 인격이 필요한 경우는 삶의 난관에 부딪혔을 때, 스트레스를 받을 때, 또는 곤란한 도덕적 결정을 내려야 할 때이다.

　어떤 사람들은 인격을 '보는 사람이 없을 때 하는 당신의 행동'이라고 정의하는데, 맞는 말이다. 만약 당신이 옳지 않은 행동을 해도 문제가 되지 않는 상황에서도 일관성 있게 옳은 행동을 고집할 만큼 훌륭한 품성을 갖고 있다면, 그것은 정말 인격을 갖추고 있는 것이다. 또한 사람들이 당신을 지켜보며 압박을 가하고, 동화시키려할 때 옳은 일을 하는 것도 인격이다. 집단적 압력에 맞서, 강한 도덕적 입장을 취하는 것도 또한 틀림없는 인격의 표징이다.

우리는 우리가 한 선택들로 인격을 형성한다. 우리가 유혹에 저항할 때, 압력에 강경할 때, 이기심을 버리고 헌신할 때마다 우리의 인격은 보다 강화된다. 그 후에 시험이나 유혹에 들면, 옳은 행동을 하기가 수월해진다. 왜냐하면 우리가 인격에 기초해 의사결정을 내리는 습관을 들이기 시작했기 때문이다. 하지만 결함이 있는 인격은 습관적으로 쉬운 선택-유혹에 굴복하기, 쉬운 길로 빠져나가기, 집단적 압력에 동참하기 등-을 한다. 좋든 나쁘든, 인격은 우리의 선택과 우리가 시간이 흐름에 따라 얻는 습관의 결과물이다.

조지 얀시George Yancey 박사는 노스텍사스University of North Texas대학 사회학부 부교수이며, 〈흑과 백을 넘어서Beyond Black and White〉와 〈인종적 교착상태를 넘어서Beyond Racial Gridlock〉 등의 책을 저술했다. 그는 고등학교 시절에 끈기에 대한 중요한 교훈을 얻게 된 일화를 내게 말해줬다.

"저는 고등학교 때 꽤 말랐었습니다. 그리고 그렇게 실력 있는 미식축구 선수는 아니었습니다. 하지만 고등학교를 졸업하는 해까지 고등부 미식축구 선수를 했습니다. 시즌 외 훈련 도중에 코치님들이 우리에게 새로운 훈련을 가르쳤습니다. 이상했습니다. 왜냐하면 그 훈련이 풋볼하고는 아무 관련이 없어보였거든요.

두 명의 선수가 매트에 올라가 하나의 수건을 양손으로 잡습니다. 한 명이 다른 한 명에게서 수건을 빼앗을 때까지 싸우는 겁니다. 상대방을 때리거나 발로 차지만 않으면 되었습니다. 코치님들이 저를 불러서 먼저 해보라고 시켰습니다. 그들은 제 상대로 적어도 저보다 십 파운드는 더 나가 보이는 남자를 붙여줬습니다. 우리는 각자 수건의 끝을 붙잡았습니다. 코치님이 호각을 불자, 그 남자는 저를 매달고 여기저기 흔들었습니다. 저는 발을 제대로 붙일 수가 없었지만, 필사적으로 매달렸습니다. 저는 절대 수건을 놓지 않겠다는 생각으로 포기하지 않았습니다.

10분 동안(실제로는 1분도 안 되는 동안) 고군분투한 끝에, 마침내 저는 상대가 저를 매달고 다니느라 지쳐가고 있는 것을 느낄 수 있었습니다. 우리가 매트 위에서 넘어졌을 때, 저는 그의 한 손에서 수건을 겨우 빼앗았습니다. 저는 제 두 다리로 그의 다른 쪽 팔을 감싸, 온몸으로 당겼습니다. 그리고 마침내 수건을 확 잡아당겨 빼냈습니다. 그 순간 호각이 울렸습니다. 코치님은 제가 상대 남자에게서 수건을 빼앗은 걸 보고 놀란 것 같았습니다.

제 차례가 지나고, 저는 다른 선수들이 수건을 놓고 싸우는 것을 지켜봤습니다. 다른 선수들은 수건을 빼앗지 못했어요. 제가 유일했습니다.

그 훈련의 목적은 우리가 얼마나 참고, 오래 견딜 수 있을까 하는 것이었습니다. 그 훈련은 우리의 경쟁력을 시험하고 강화할 수 있게 고안되었습니다. 코치님들은 누군가가 이기리라고는 예상하지 못했습니다. 그래서 제가 실제로 이겼을 때 코치님이 놀랐던 겁니다. 저는 그 사실을 몰랐던 것이 기쁩니다. 만약 코치님들이 제가 누구도 이기지 못할 거라고 예상하는 걸 알았다면, 저는 수건을 빼앗을 정도로 열심히 싸우지 않았을 겁니다. 그리고 저는 끈기라는 소중한 교훈을 얻지 못했을 겁니다. 저는 제가 끝까지 싸우면 필요한 무엇이든 얻을 수 있다는 것을 알게 됐습니다. 끈기에 대한 그 교훈은 제 삶에 많은 도움이 되고 있습니다."

훌륭한 알라바마 미식축구 감독, 고(故) 폴 '베어' 브라이언트는 장래의 성공을 가늠하는 데 인격이 운동 능력만큼 중요하다고 믿었다. 그는 좋든 나쁘든 인격이 영향력이라는 것을 알았다. 그리고 끈기가 부족한 한 명의 선수가 그의 부정적인 영향력으로 팀 전체를 스스로 포기하게 만들 수 있다는 것을 알았다. 그는 말했다.

"당신이 쉽게 포기하는 사람들에 대해 한 가지 경계해야 할 것이 있습니다. 그들은 전염성이 있습니다. 만약 한 명이 포기하면, 그와 함께 다른 누군가도 포기할 가능성이 높은데, 그건 모두가 바라는 바가 아닐 겁니다. 그러므로 (선수들이) 그런 식으로 행동하려고 하면, 나는 그들의 짐을 싸서 내보내거나, 창피를 주거나, 마음을 돌려놓기 위한 뭔가를 합니다. 처음 포기할 때는 어렵습니다. 두 번째는 처음보다 쉽습니다. 세 번째는 생각할 필요도 없습니다."

개인적인 책임은 또 우리의 영향력에 필수적이다. 칼슨 컴퍼니 회장 겸 CEO 마릴린 칼슨 넬슨Marilyn Carlson Nelson은 그녀가 책임에 대한 중요한 교훈을 얻게 된 일화를 내게 말해줬다.

"제가 어렸을 때, 우리 가족은 항상 일요일에 함께 교회를 갔습니다. 저는 7학년이었고, 여전히 성인예배 대신에 주일학교 수업에 나갔습니다. 가끔씩 교실은 떠들거나 종이 공을 던지는 아이들로 질서가 유지가 안 되고 혼란스러웠습니다. 어느 일요일, 저는 집으로 가는 차 안에서 다시는 주일학교에 나가지 않겠다고 단언했습니다. 나는 그게 시간낭비이기 때문에 차라리 어른들과 예배당에 가서 목사님의 설교를 듣겠다고 말했습니다.

저는 저의 부모님이 저의 결정을 좋아하실 줄 알았습니다. 갑자기 아버지는 고속도로 갓길에 차를 세우고, 저를 돌아봤습니다. 아버지가 말했습니다.

'뭘 한다고?'

저는 아버지에게 주일학교로 돌아가지 않는 이유를 다시 설명했습니다.

아버지가 저를 쳐다보며 엄숙하게 말했습니다.

'주일학교에 문제가 있다면, 네가 한 번 바꿔보렴.'

당시 나는 고작 열세 살이었고, 아버지는 제게 시내의 큰 교회의 주일학교 수업을 바꿔보라고 말하고 있었습니다. 성인인 선생님들도 통제하지 못했던 그 교실을요!

저는 울기 시작했습니다. 어머니가 중재하려했지만 허사였습니다. 실제로 아버지는 어머니에게, 주일학교 담당교사에게 전화를 걸어 내가 주일학교 수업을 '바꿀' 방안을 발표할 수 있도록 자리를 마련해보라고 제안했습니다.

그래서 저는 집에 가서 주일학교 수업 개선 방안을 적은 목록을 만들었습니다. 어머니는 발표할 날을 잡았습니다. 그 날이 왔습니다. 그거 아세요? 담당교사가 제 아이디어를 듣고 얼마나 행복해했는지. 그는 제가 제안한 것들을 제도화했고, 우리는 주일학교 수업 프로그램을 바꿨습니다.

저는, 무언가 바뀌어야 한다는 생각이 들면 다른 사람한테 그것을 미뤄서는 안 된다는 것을 배웠습니다. 조치를 취하고 바꾸는 것은 나의 책임입니다. 성인이 된 이후의 삶과 일에서 저는 종종 그 교훈을 돌이켜보고, 오늘날까지 따르고 있습니다."

우리의 영향력에 필수적인 또 다른 자질은 정직함이다. 골프는 인격적인 운동이다. 골프만큼 명예와 정직함, 그리고 개인의 진실성을 요구하는 운동도 없다. 골프를 치는 사람은 스스로 잘못을 인정할 것이라는 기대가 있다.

2010년 4월, 사우스캐롤라이나 힐튼 헤드 아일랜드에서 골프선수 브라이언 데이비스Brian Davis가 버라이즌 헤리티지 대회Verizon Heritage tournament에서 자신의 PGA 투어 첫 승을 향해 가고 있었다. 본 경기가 끝나고 데이비스는 미국의 뛰어난 골프선수 짐 퓨릭과 연장전에 들어갔다. 연장전 첫 번째 홀에서 데이비스의 어프로치 샷이 그린 밖에 떨어져 해저드지역으로 굴러갔다. 데이비스가 웨지로 공을 그린으로 보내는데, 백스윙을 할 때 마치 클럽이 잔디줄기를 건드린 것 같은 희미한 틱 소리를 들었다. PGA 규칙상 백스윙 도중에 자연장애물Loose Impediment을 건드리면(잔디 한 줄기라도) 2타의 벌타를 받게 되어있다. 데이비스는 PGA 관계자에게 TV 재생화면으로 확인해줄 것을 요청했다. 관계자는 잔디줄기 하나가 아주 미세하게 움직인 것을 발견했다. 그 움직임이 너무 미세해서 느린 화면으로 봐야만 보이고, 데이비스가 재생을 요청하지 않았다면 아무도 찾아내지 못했을 정도였다.

브라이언 데이비스는 스스로 벌타를 인정했고 우승은 짐 퓨릭에게 돌아갔다. 하지만 그에게 돌아온 것은 우승보다 더 값진 세계 골프 팬들의 격려와 감동이었다. 대회책임자 슬러거 화이트 씨는 훗날 데이비스에 대해 이렇게 말했다.

"그의 품격은 단연 1등급이었습니다."

그 주요장면이 전 세계 스포츠 채널과 뉴스보도에 반복적으로 방영되면서, 그의 정직함은 그에게 수많은 팬들을 얻게 했다. 그는 골프에서도, 인생과 마찬가지로 진실은 무엇을 얻는 것보다 훨씬 더 중요하다는 것을 보여줬다.

이 사례가 여러분과 나에게 주는 교훈은 무언가? 간단하다. 우리가 어떤 실수를 하든지, 신속하게 실수를 인정해야 한다. 기꺼이 잘못을 인정하는 것도 이기는 것 못지않다. 리더십 전문가 제임스 M. 쿠제스James M. Kouzes와 배리 Z. 포스너Barry Z. Posner는 우리에게 이를 상기시킨다.

"당신이 사람들에게 정직함이 무엇이냐고 묻는다면… 정직함의 의미에 대한 그들의 즉각적인 반응은, '진실을 말하는 것' 또는 '거짓말하지 않는 것'이다. 더 성찰적인 대답-결정적인 통찰-은 '정직한 사람은 그가 틀렸을 때 기꺼이 인정한다. 그가 실수했다고 말할 때, 그는 정직한 사람이 되는 법을 아는 사람인 것이다.' 생각해보라. 정직함은 단지 그러기 쉬운 상황에서 사실을 말하는 것이 아니다. 어려운 환경, 즉 사실을 말해서 손해를 입을 수 있는 상황에서도 사실을 인정하는 것이다. 당신이 틀렸다는 것, 또는 당신이 모른다는 걸 인정하는 것은 당신이 믿을 수 있는 리더라는 최고의 신호이다."

인격은 결심에서 시작된다. 우리가 결정을 할 때마다 우리는 그 결정이 다른 사람에게 어떤 영향을 끼치게 될지 고려해야 한다. 우리는 우리를 지켜보는 모든 사람을 생각해야 한다. 그리고 스스로 질문해야 한다.

"나의 행동, 나의 선택 그리고 나의 인격이 그들에게 어떤 영향을 미칠 것인가?"

우리는 우리의 인격으로 놀랄 만큼 간단한 방식으로 다른 사람에게 영향을 미칠 수 있다.

나는 일전에 캘리포니아 대학교 체육경영학부 학부장, 로이 E. 야브로Roy E. Yarbrough를 인터뷰한 적이 있다.

"나는 학생들에게 인격을 증명해보이기 위해 수업에 늦지 않고, 학생들의 이메일에 12시간 내에 답장하고, 학생들의 이름을 외우고, 그들의 이야기를 듣는 데 시간을 할애합니다. 단순하고 하찮은 일처럼 들리지만, 나는 이 작은 행동으로 학생들에게 신뢰를 받고 영향력을 갖습니다. 내 삶은 항상 누군가의 감시 하에 있고, 나는 내가 사는 모습으로 나의 인격을 보여줍니다.

내가 가르치는 어떤 4학년 학생들은 내게 말합니다.

'제가 대학을 4년 동안 다녔는데, 제 이름을 아는 교수님은 교수님뿐이었어요.' 왜 그런 걸까요? 한 학생을 기억하고, 그 젊은이의 삶에 영향을 미치는 일은 결코 어려운 일은 아닌데요. 나의 목표는 지식을 가르치는 것뿐만 아니라 인격을 길러주는 겁니다. 그렇게 하기 위한 가장 쉬우면서 가장 효과적인 방법은 학생들에게 내가 그들을 인격적으로 대한다는 것을 보여주는 겁니다."

정직과 용기

용기는 영향력으로 이어진다. 특히 집단적 압력에 혼자 맞설 수 있는 용기는 특히 그렇다. 테네시 대학의 체육부장, 데이브 하트Dave Hart는 혼자 맞서는 용기를 완벽하게 보여주는 일화를 내게 들려줬다.

"한 번은 초등학교 때, 내가 수업 중에 어떤 질문에 대한 답을 했습니다. 선생님은 나의 대답이 옳은지 그른지에 대해 반에게 토론을 시켰습니다. 어떤 친구들은 나의 대답에 동의했고, 어떤 친구들은 동의하지 않았습니다. 토론이 계속되고, 선생님은 나의 대답과 상반되는 주장들을 제시했습니다. 시간이 흐를수록 반 친구들은 선생님의 영향을 받기 시작했습니다. 한 학생이 나를 지지하는 발언을 하면, 선생님은 그 학생에게 조금 더 생각해보는 것이 좋을 것 같다고 말했습니다. 한 명, 한 명, 나를 지지했던 모든 친구들이 반대 입장으로 돌아섰습니다. 이제는 반에서 누구도 내게 동의하지 않았습니다. 선생님이 내게 말했습니다.
'하트 군, 답을 바꾸겠나?'
나는 나의 답을 버리고 싶은 마음이 들었습니다. 하지만 그러지 않았습니다. 내가 말했습니다.

'아니오. 저는 저의 답을 바꾸지 않겠습니다.'

선생님이 말했습니다.

'왜지? 반 전체가 하트 군이 틀렸다는 데에 동의하는데.'

'하지만 저는 여전히 제가 옳다고 생각합니다.'

선생님은 반 전체를 향해 말했습니다.

'하트 군이 옳아. 그는 다수의 의견에 완강하게 맞섰고, 나는 하트 군이 틀리다고 여러분을 계속 설득했지.'

선생님은 온 세상이 우리에 맞서 우리가 틀린다고 말해도, 그게 진실이라면 옳은 선택을 해야 한다고 말했습니다."

그것은 데이브 하트가 절대 잊지 못하는 용기와 영향력에 대한 교훈이었다. 그 선생님은 집단적 압력과 같은 부식적인 영향력이 어떤 식으로 작용하는지를 몸소 보여줬다. 그리고 데이브 하트는 혼자 맞서야 했음에도 불구하고 그가 옳다고 생각하는 바를 고수함으로써 건전한 영향력을 몸소 증명해 보였다.

영향력 있는 남성 또는 여성이 되려면, 당신의 가치와 신념을 고수하는 과정에서 갈등, 비판, 그리고 반대를 이겨낼 수 있는 용기가 반드시 있어야 한다.

맥스 루케이도(Max Lucado, 목사 이자 동화작가 '너는 특별하단다' 시리즈의 저자)는 이렇게 말했다.

"오케스트라를 이끌고자 하는 사람은 군중에게 등을 돌려야 한다."

영향력 있는 사람들은 종종 홀로 서있다. 그들처럼 우리도 타협하지 않는 정직함이 필요하다.

　고(故) 레이건 대통령의 아들, 마이클 레이건Michael Reagan은 그의
저서 〈새로운 레이건 혁명The New Reagon Revolution〉에 정직과 진실성
에 대한 숨겨졌던 이야기를 적었다.

　1965년, 레이건이 정치를 시작하기 전의 일이다. 렉솔 드러그 스
토어Rexall Drug Store 체인 회장 저스틴 다트Justin Dart가 레이건을 그의
회사 사무실로 초대해, 주지사 선거에 대해 의논했다. 엄청난 부자
인 다트는 정계와 경제계에 영향력이 있었고, 선거에 막대한 자금
을 지원할 수 있는 재력이 있었다. 그들의 대화가 끝나갈 무렵, 다트
가 종이봉투를 건넸다.

　"당신 겁니다."

　레이건이 한쪽 눈썹을 들어올렸다.

　"안에 뭐가 들었습니까?"

　"직접 열어 보세요."

　레이건이 봉투를 열어보니, 현금 4만 달러가 들어 있었다.

　"당신과 낸시를 위해 조금 준비했습니다."

　로널드 레이건은 봉투를 닫아 그 드러그 스토어 회장에게 거칠게
던졌다.

　"내가 주지사에 당선되면 당신이 나를 소유할 수 있다고 생각하
십니까?" 그가 화를 내며 물었다.

"그렇게까지 해서 주지사가 되고 싶진 않습니다. 사실, 생각이 바뀌었습니다. 이것이 주지사가 하는 일이라면, 저는 주지사를 하지 않겠습니다."

그리고 레이건은 쿵쾅거리며 사무실을 나갔다.

며칠이 지나고 저스틴 다트는 어렵게 두 번째 자리를 마련할 수 있었다. 그리고 레이건에게 지난번 자신의 행동을 진심으로 사과했다. 레이건은 다트의 사과를 받아들이고, 다음 조건을 제시했다.

"주지사 선거에 출마하겠지만, 만약 당선이 된다고 하더라도 당신의 호의에 어떤 보답도 하지 않겠습니다.

"이해합니다." 다트가 대답했다. 그리고 덧붙였다.

"저는 당신 같은 정치인을 본 적이 없습니다. 다른 정치인들은 모두들 선거 자금을 필요로 했습니다."

우리의 정치 현실이 슬프지 않은가? 그들 대부분 돈이 필요하고, 돈을 선택한다. 만약 당신이 이 세상에서 당신의 영향력을 유지하고 싶으면, 당신은 부정에 맞설 수 있는 몇 안 되는 사람이 되어야 한다. 인격이 있는 사람, 정직한 사람, 돈을 선택하지 않는 몇 안 되는 사람, 분노에 차 돈을 던질 수 있는 사람이어야 한다.

우리의 영향력을 유지하는 데 중요한 또 하나의 인격적 자질은 자기절제이다. 나의 오랜 친구 바비 리차드슨Bobby Richardson은 1955년에서 1966년까지 뉴욕 양키스 2루수였다. 그는 자타가 인정하는 종교인으로서, 기독교체육인회 회장이기도 했다. 바비는 신앙이 있는 사람과 기쁜 마음으로 믿음을 함께 나누고, 비 종교인과도 항상 잘 어울린다. 또 절대 종교를 강요하거나 그것으로 사람을 판단하지 않았다. 양키스에서의 바비는 절대 화를 내지 않고, 상스러운 욕을 하지 않는 드문 선수로 알려졌다. 비록 그가 욕을 하는 사람들을 꾸짖지는 않았지만, 모든 선수들이 그가 있을 때는 주의했다. 몇 명의 선수들이 모여 외설적인 이야기를 하거나 그들의 성적인 경험을 떠벌리고 있을 때, 바비가 그곳으로 다가가면, 선수들 중 한 명이 그를 보고 나머지 선수들에게 신호를 보냈다. 그러면 그들은 이야기를 멈췄다.

"저는 절대 의도적으로 사람들의 재미를 망친 적이 없습니다. 저는 그들에게 그런 식으로 말하지 말라고 한 적도 없습니다. 저는 그들에게 설교하지 않았습니다. 하지만 그들은 그저 내가 지나갈 때마다 주제를 전환하는 것처럼 보였습니다."

한 경기 중에 바비와 그의 동료선수들이 선수 대기석에 있는데, 무스 크로우론이 삼진아웃을 당했다. 무스가 벤치로 돌아왔을 때의 일을 바비가 회상했다.

"그는 욕을 하고 있었고, 분위기는 안 좋아졌어요. 그는 정말 화가 나있었어요! 그러다가 그가 저를 봤습니다. 그는 죄책감이 드는 표정으로 제게 말했습니다.

'미안해요. 바비.'

그리고 저를 지나쳐 걸어가면서 조금 더 심한 욕을 하는 거예요! 저는 그저 소리 내어 웃는 수밖에 없었습니다."

바비 리차드슨이 이렇게 영향력이 있는 이유는 그가 자기 통제력이 뛰어나기 때문이다. 영향력은 바로 인격에서 나온다.

어떻게 살고, 어떻게 사랑하고, 어떻게 죽을 것인가.

테니스 챔피언, 고(故) 아서 애시Arthur Ashe는 그랜드슬램을 세 번 달성했고, 흑인으로서는 처음으로 데이비스컵 출전선수로 선발됐다. 그는 1979년 심장발작으로 심장수술을 받고, 1983년에 2차 심장절개수술을 받았다. 애시는 2차 수술에서 병원 측의 실수로 에이즈AIDS 감염 혈액을 수혈 받았다(최근의 혈액검사 방법은 이런 오류의 발생가능성을 크게 줄였지만). 애시는 1992년 4월에 에이즈에 감염된 사실을 공개적으로 밝히고, 이듬해 2월, 그의 회고록 〈영광의 순간들Days of Grace〉의 원고를 완성한지 며칠 만에 세상을 떠났다. 그 책의 서문은 이렇게 시작된다.

"만약 명성이 소유물이라면, 내 모든 소유물 가운데 명성이 내게 가장 의미가 있다. 중요성의 측면에서 다른 것은 근처에도 오지 못한다. 가끔씩 나는 명성이란 것을 지나치게 의식해서 나를 옭아매고 있는

게 아닌지 생각한다. 하지만 다른 사람이 나에 대해 어떻게 생각하는지 신경 쓰지 않는 것이 어쩌면 스스로 목숨을 끊는 것만큼 쉽지 않다. 내가 무엇을 하든, 어디서 언제 그 일을 하든, 사람들이 나를 지켜보는 것을 느낀다."

자신의 영향력을 몹시 의식하는 한 남자가 한 말이다. 애시는 또한 그가 17살 때 웨스트버지니아 주 휠링에서 미들 아틀란틱 주니어 챔피언십에 참가했을 때 일어났던 일에 대해서도 이야기한다. 18세 미만 선수대회에서 유일한 흑인선수였던 아서는 백인 선수들과 한 방을 사용했다.

어느 날 밤, 백인선수들이 방에서 난장판을 벌이고, 아서에게 뒤집어 씌웠다. 심지어 그 사건은 몇몇 신문의 머리기사로 실렸다. 그리고 신문들은 아서를 상대로 백인선수들의 편을 드는 듯이 보였다.

며칠 뒤에 어린 아서 애시는 다른 대회 참가를 위해 휠링에서 워싱턴 D.C.로 이동했다. 이동 중에 그는 아버지가 그 사건에 대해 뭐라고 말씀하실까 생각해봤다. 도착하자마자 아서는 공중전화로 가서 아버지에게 전화했다. 아서가 예상했던 대로 아버지는 이미 그 사건에 대해 알고 있었다. 그리고 아버지는 딱 한 가지만 물었다.

"너도 같이 했느냐? 내가 알고 싶은 것은 이것뿐이다."

"아니요, 아버지. 저는 안했습니다."

아서 애시는 이렇게 말을 끝맺는다.

"아버지는 그 후 그 일에 대해 다시 묻지 않으셨다. 그는 나를 믿었다. 아버지에게 나는 변함이 없는 자식이었다. 나는 정직하고 친절하며 공손하게 보이고 싶다. 나는 내 인격에 단 하나의 얼룩이나, 내 명성에 단 하나의 티도 원치 않는다."

우리는 알게 모르게 항상 감시를 받고 있다. 사방에서 사람들이 우리를 지켜보고, 우리가 역경과 시련을 어떻게 극복하는지, 유혹에 어떻게 반응하는지, 현명한 결정을 내리는지, 그리고 부당한 비판을 어떻게 다루는지 관찰하고 있다. 우리는 사람들이 우리를 지켜보면서 낙담하거나 길을 잃는 일이 없도록 해야 한다.

2011년 겨울에 화학요법을 시작했을 때, 나는 치료실에 들어가 의자에 앉아, 조용히 아무 말 없이, 얼굴에 아무런 표정 없이 치료를 받았다. 나는 그 방안의 환자들 중 누구와도 얘기하지 않았다. 모든 것이 그랬다. 솔직히 말하면, 우울했다.

어느 날, 간호사가 나를 한쪽으로 데려가 말했다.

"윌리엄스 씨, 여기에 있는 사람들 모두가 당신이 누군지, 당신이 무슨 일을 겪고 있는지 알고 있어요. 그들도 모두 같은 일을 겪고 있고요. 그러니 지금부터 여기 오실 때, 이 사람들에게 큰 호의를 베풀어 주시겠어요? 돌아다니면서 모든 환자들에게 한 명씩 미소를 건네고, 좋은 말을 건네주시겠어요? 당신이 치료를 시작하기 전에 그렇게 해주신다면, 제 생각에 이 방의 분위기가 크게 바뀔 것 같아요. 그리고 사람들의 치료 과정에 도움이 될 수도 있을 거예요."

나는 간호사의 조언을 듣고, 2011년 여름 내내 같이 있는 환자들에게 꼭 인사를 했다. 하이파이브를 하고 참견하기도 하면서, 우리는 서로를 격려했다. 나는, 내가 그 화학치료실에서 긍정적인 영향력을 미치기 위해 노력하는 과정에서 많은 긍정적인 영향을 되돌려받는다는 것을 알게 됐다.

간호사의 조언을 듣길 잘했다. 이제 내가 어디를 가든, 누구를 만나든, 심지어 이 책에서도, 나는 내가 그 치료실에서 한 것처럼 똑같이 한다. 나는 사람들이 지켜보고 있다는 것, 그들이 내가 역경에 어떻게 대처하는지 관찰한다는 것, 그들이 용기와 희망을 얻기 위해 나를 보고 있다는 것을 끊임없이 의식하려고 노력하고 있다. 나는 그들을 실망시키고 싶지 않다. 물론 나는 당신도 실망시키고 싶지 않다.

또한 당신은 당신의 자녀에게, 제자에게, 부하에게, 그리고 당신의 영향력의 범위 안에 있는 모든 이에게 인격의 중요성을 알려주길 바란다.

출판인이자 저술가인 엘버트 허버드Elbert Hubbard 씨는 종종 인격과 영향력에 대한 글을 썼다. 그가 쓴 유명한 글 중의 하나인 〈타이타닉 호The Titanic〉에서 그는 1912년 침몰한 타이타닉 호에서 목숨을 잃은 사람들의 마지막 순간에 대해 썼다. 그 중에는 메이시 백화점의 큰손 이시도어 스트로스Isidor Straus와 그의 아내, 아이다Ida도 있었다. 이시도어는 다른 승객들보다 먼저 구명보트에 오르기를 거부했고, 아이다는 그의 남편 없이 보트에 오르기를 거부했다. 그래서 그들은 자발적으로 운명을 함께한 배의 갑판에 남았다. 허버드는 그의 글을 이렇게 끝맺는다.

"스트로우 부부, 나는 당신들이 자녀와 손자들에게 남긴 사랑과 숭고함의 유산이 부럽습니다. 당신들은 오랫동안 훌륭한 삶을 살면서 지켜온 양심과 희생정신을 죽으면서도 잃지 않았습니다. 당신들은 어떻게 살고, 어떻게 사랑하고, 어떻게 죽을 것인지를 아는 사람들이었습니다."

타이타닉 호 침몰 후 3년 뒤에, 엘버트 허버드와 그의 아내, 앨리스는 뉴욕발 유럽행 원양여객선 루시타니아 호 배편을 예매했다. 그들은 제1차 세계대전 중에 일어난 사건들을 취재하기 위해서였다. 항구를 떠난 지 6일 째 되던 날, 독일 잠수함이 예고 없이 루시타니아 호를 어뢰로 공격했다.

그 배의 마지막 생존자인 어니스트 쿠퍼 씨는 아기를 안고 구명보트에 올라타면서 배의 갑판에 있는 허버드 부부를 봤다. 배가 대서양 아래로 서서히 가라앉는 동안 그들은 서로 팔짱을 끼고 바다 쪽을 응시하고 있었다. 쿠퍼 씨가 그들에게 다가가 물었다.

"어떻게 하시겠습니까?"

엘버트 허버드 씨는 그의 고개를 저을 뿐 아무 말도 하지 않았다. 앨리스는 미소 지으며, 대답했다.

"할 수 있는 일이 없어 보이네요."

허버드 부부는 객실로 돌아가서 문을 닫았다. 그들은 대서양 바닷물이 그들을 갈라놓을 수 없게 객실에 스스로를 가뒀다. 이시도어와 아이다 스트로스 부부처럼, 엘버트와 앨리스 허버드 부부도 어떻게 살고, 어떻게 사랑하고, 어떻게 죽을 것인지 알고 있었다.

이시도어와 아이다 스트로스 부부의 마지막 순간, 그리고 엘버트와 앨리스 허버드 부부의 마지막 순간은 그들의 인격, 용기, 그리고 사랑으로 각인되었다. 삶에서 그들은 많은 사람들에게 영향을 미쳤다. 죽는 순간까지도 그들의 이야기는 수많은 사람들의 삶에 영향을 미쳤다.

만약 당신의 삶과 죽음이 사람들에게 영향을 미치기를 바란다면, 훌륭하고 의미 있는 삶을 살라. 당신의 인격으로 다른 사람들에게 영향을 미치면서 살아가길 바란다.

요약: 자기진단

1. 영향력은 우리가 우리의 삶을 사는 방식으로 사람들의 마음과 생각을 변화시키는 능력이다. 그러므로 인격이 즉, 영향력이다. 만약 당신의 인격에 결함이 있다면, 진실한 영향력을 미칠 수 없다. 하지만 완벽한 사람은 없으며, 우리 모두는 많은 실수를 하면서 살아간다. 우리는 어떻게 우리의 약점과 인격적 결함을 극복하기 위해 노력하면서 스스로 변화할 수 있는가?

2. 인격적으로 당신의 가장 큰 장점은 무언가? 인격적으로 당신의 가장 큰 단점은 무언가? 당신의 약한 부분을 극복하고 당신의 인격과 진실성을 전반적으로 개선하기 위해 당신이 할 수 있는 일은 무엇인가?

3. 누가 당신을 응원하고, 격려하고, 당신으로 하여금 인격적으로 책임을 느끼게 만드는가? 책임을 공유할 파트너나 그룹 또는 상담사를 찾아, 진지하게 당신의 인격적 문제를 풀어나갈 수 있는가?

만약 당신이 부모, 멘토, 청소년지도자, 또는 선생님이라면, 당신이 영향을 미치는 그 아이들에게 훌륭한 인격과 가치관에 대한 인식을 심어주기 위해 어떤 노력을 하고 있는가? 그들의 인격에 보다 더 효과적인 영향을 미치기 위해 추가적으로 어떤 노력을 할 수 있는가?

5. 골프선수 브라이언 데이비스는 그의 골프채로 잔디의 줄기를 살짝 스쳤을 뿐인데 스스로 벌타를 인정했다. 그의 정직함이 치른 대가는 준우승 상금 41만 1천 달러와 세계 골프 팬들의 감동이었다. 만약 당신이 브라이언 데이비스의 입장이었다면, 그가 한 것처럼 행동했겠는가? 그렇다면, 또는 그렇지 않았다면, 왜 그런가? 당신이 내린 결정을 받아들일 수 있겠는가, 아니면 그 결정이 몇 년 동안 당신을 괴롭히겠는가? (예를 들어, 스스로 잘못을 밝히지 않은 것에 대해 죄책감을 느끼겠는가? 아니면 미세한 문제를 스스로 밝혀 PGA 첫 승을 포기한 것에 대해 스스로 바보같이 느끼겠는가?)

제5장.
행동으로 말하라

우리는 행동으로서, 거미줄처럼 얽힌 인간관계를 공유하는 다른 사람들에게 영향을 미친다. 따라서 이기적으로 생각하거나, 행동하지 말아야 한다.

—제임스 비륵스H. James Birx, 〈시간의 백과사전The Encyclopedia of time〉

본보기를 통한 영향력

리더십 전문가 제임스 쿠제스와 베리 포스너는 〈크리스천 리더십 챌린지Christian Reflection on the Leadership Challenge〉에서 본보기가 다른 사람에게 미치는 영향에 대해 다음과 같이 언급했다.

"리더는 사람들을 협력하게 하고 가치관을 공유하는 본보기를 보여줌으로써, 사람들에게 영향을 미친다. 리더는 언행의 일관성으로 평가를 받는다. 리더들은 자발적으로, 집중하여 놀라운 일들을 해내는 데에 핵심적인 역할을 한다. 리더들은 그들의 가치관과 열정을 위해 최선을 다하는 모습을 보여주기 위해서라면 수단과 방법을 가리지 않는다."

존 오노다John C. Onoda는 플레시먼 힐러드 국제 커뮤니케이션의 자문위원회의 고문이었다. 또 그는 찰스 슈왑Charles Schwab, VISA, 리바이스의 전 경영자이기도 했다. 그는 최고 경영자들에게 이렇게 조언한다.

"무성영화의 주인공이 돼라. 아무도 당신이 하는 말을 들을 수 없고, 오직 행동으로만 소통을 할 수 있다. 말이 아닌 행동으로 소통하라."

만약 당신의 인생이 무성영화라면, 당신의 개성이나 믿음, 가치관은 오직 행동을 통해서만 다른 사람에게 전달할 수 있을 것이다. 그렇다면, 과연 사람들은 당신에 대해 무엇을 보고 배우게 될까?

윌리엄 래인 크레이그William Lane Craig는 탈봇 신학대학Talbot School of Theology의 철학 교수이자 서른 권 이상의 책을 저술한 작가이다. 크레이그 박사는, 제2차 세계대전 참전 당시 겸손과 조용한 믿음의 힘으로 모범을 보였던 자신의 아버지인 말로리 존 크레이그Mallory

John Craig에 대해 이야기를 해주었다.

"저의 아버지는 '위대한 세대The Great Generation(제2차 세계대전을 겪고 획기적인 경제발전을 이뤘던 세대를 일컬음-역주)였고, 영국의 제8공군에 복무했습니다. 아버지는 우리를 전쟁 관련 이야기, 사진과 기념품 등으로 사로잡으셨어요. 그는 청동성장 훈장도 받으셨지만, 그게 무엇인지 물어보면 '아부를 좀 떨었지'라며 항상 농담을 하셨습니다.

아버지는 집에서 많은 일을 하셨어요. 가끔씩 돌멩이와 흙들을 몇 트럭씩 주문하시고는 그 흙더미를 손수레에 가득 싣고 한 번에 한 수레씩 옮기셨어요. 정말 바보 같은 짓 같아 보였죠. 하지만 몇 주, 몇 달이 흐른 뒤에는, 그 산더미가 사라지고 그 대신 돌벽이 생기거나 구덩이가 메워져 있었습니다."

그의 가족은 이것을 토끼와 거북이 이야기에서 이름을 따 '거북이 방법'이라고 불렀다. 크레이그 박사는 그의 아버지가 보인 행동이 종교 학자로서의 길을 가는 데에 많은 영감을 주었고, 일을 해내는 열쇠는 그저 조금씩이라도 지속적으로 하는 것이라는 진리를 그때 깨달았다고 말했다.

크레이그 박사는 그의 아버지가 자신들과 보냈던 시간들을 떠올렸다.

"아버지는 우리와 게임을 하고, 화석과 광물을 찾아 함께 탐험한 적이 있어요. 기차여행도 가고, 시카고 출장 때는 함께 여행도 하며, 뉴욕의 국제 박람회에도 함께 가곤 했었죠. 철도원이셨던 아버지는,

아주 낮은 직급부터 시작해서, TP&W(톨레도, 피오리아, 웨스턴 레일웨이)를 인수한 산타페 철도 회사의 부사장 자리까지 오르셨어요. 한결같이 정직한 분이셨지요. 직장생활 말년에, 아버지는 암암리에 성행하던 부정행위들을 보고도 묵인하느니 차라리 회사를 그만두는 편이 낫겠다는 말까지 하셨죠. 저는 현실보다 정직함을 중요시 하는 아버지를 보고 많은 걸 배웠어요."

크레이그 박사의 아버지는 피오리아 동부의 도시계획위원회의 의장을 맡으며 지역정부 활동에도 참여했다.

"아버지가 공청회에서 공무를 수행하실 때, 화가 난 시민들이 찾아와 아버지에게 욕설을 퍼붓곤 했어요. 그러나 아버지는 상냥하게 웃으며 그들의 분노와 욕설을 묵묵히 받아주셨어요.

'왜 그 욕을 다 듣고 사람들을 쫓아내지 않으셨죠? 나라면 실컷 화를 냈을 거예요!'

나는 불만에 가득 차 물었지요. 하지만 아버지는, 그들과 싸우거나 꾸짖는 것이 아니라, 이야기를 들어주는 것이 내가 해야 할 일이라고 말씀하셨습니다.

대학시절 친구들과 논쟁을 할 때도, 저는 아버지가 저에게 보여주었던 것과 같은 침착함과 상냥함을 보여주려고 노력했습니다."

밥 파에글로우Bob Paeglow 박사는 뉴욕의 빈민가인 올버니Albany에 정신건강의학 의료보건센터인 컴패션 인 액션Compassion in Action을 세운 사람이다.

파에글로우 박사는 네토라는 브라질 청년과의 만남이 그의 인생을 의료보건에 헌신하는 데에 있어 지대한 영향을 준 이유를 말해주었다. "1994년, 제가 늦은 나이인 39살이었을 때 올버니 의과대학 4학년 학생이었습니다. 어느 날, 제 친구 피터에게 전화 한 통을 받았어요.

'밥, 지금 내 사무실에 와 있는 이 친구를 자네가 좀 만나봐야겠어! 모잠비크에서 무슨 일을 해왔는지 말해주고 있거든'이라며 다급한 목소리로 말하더군요."

1992년, 약 15년의 모잠비크 내전이 끝났지만, 전쟁과 기근으로 백만 명 이상의 희생자가 발생했다. 생존자들은 심각한 부상으로 큰 고통을 겪고 있었다. 피터의 재촉으로 파에글로우 박사는 세바스챠오 네토 벨로소Sebastiao 'Neto' Veloso라는 청년과 만나게 되었다. 그 청년은 모잠비크 시내에서 난민들을 위한 병원을 세울 준비를 하며, 그에 필요한 의료기구와 장비들을 구입하기 위해 자금과 자원봉사자들을 구하고 있는 중이었다.

"네토는 방을 훤히 밝힐 정도로 환한 미소를 갖고 있었어요." 파에글로우 박사가 회상했다.

"만난 지 한 시간도 채 되지 않아 우리는 오랜 친구처럼 가까워졌습니다. 네토는 브라질에서 일하며 풍족하게 살 수 있었지만, 모잠비크로 향하는 마음의 소리를 따르기로 결정했다는군요. 그는 4개

월 후 결혼할 약혼녀도 있었어요. 하지만 그녀는 아프리카로 가려
는 그에게 엄포를 놓았습니다.

'나와 아프리카 중 하나만 선택하세요!'

'당신을 정말 사랑해. 하지만 난 아프리카로 가야만 해. 나와 함께
가줘.'

하지만 대답 대신 그녀는 약혼반지를 손가락에서 빼서 바닥으로
내팽개쳤어요. 네토는 그 반지를 팔아서 아프리카 행 비행기 티켓
을 샀습니다."

4개월 후, 밥과 피터는 네토와 함께 모잠비크로 구호 선교를 떠나
기 위해 올버니 공항에서 출국 준비를 했다. 수하물이 몇 개나 되느
냐는 항공사 카운터 직원의 질문에 "열두 개요"라고 밥이 대답했다.

그 직원은 열 두 개의 수하물을 부칠 수는 없다고 항공사 규정을
들먹이며 거절했다. 하지만 밥과 피터가 상사에게 확인해 달라고
정중히 부탁하자, 사정을 들은 항공사의 부사장이 열두 개의 수하
물을 싣도록 허가했다. 그리고 머지않아 그들에게는 엄청난 고통의
땅이 될 모잠비크로 출발했다.

"저희는 일곱 개의 난민 캠프에서 일했습니다. 기아와 온갖 질병
에 걸린 5만 여명의 난민들과 함께 지냈습니다. 우리는 임시 의료원
에서, 세상의 모든 공포와 마주했어요. 말라리아와 전염병에 걸리고,
피부가 이와 옴으로 뒤덮인 환자들로 가득 차 있었습니다. 피터와

저는 하루에 수백 명의 환자들을 돌봤습니다. 긴 하루를 끝내고 집으로 돌아와서는 너무나 두려워 베개가 젖을 때까지 울었습니다."

밥과 피터가 미국으로 돌아오기 직전에, 네토는 그들의 노고를 기리기 위해 특별한 예배를 준비했다. 초가지붕과 진흙 벽으로 된 교회에서 예배가 준비되는 동안, 네토는 두 사람을 앞으로 불러냈다. 밥과 피터는 영문을 몰라 어리둥절했다.

"우리는 이들에게 많은 것을 받았습니다. 이제 우리가 돌려줄 차례입니다. 모두 앞으로 나와서 그들에게 축복을 내리는 헌금을 올리세요!"

모잠비크의 교구 주민들은 줄을 서서 교회 앞의 진흙으로 만든 제단에 하나 둘 헌금을 내놓기 시작했다. 등이 굽은 한 노인은 제단에 달걀 하나를 놓았다. 지뢰로 다리를 잃어 임시방편으로 만든 목발을 짚은 남성은 작은 동전 하나를 놓았다. 사람들은 줄줄이 바나나 한 개, 고구마 한 개, 동전 한 개 등을 제단에 놓았다. 밥과 피터는 행렬이 계속되는 동안 감동의 눈물을 멈출 수가 없었다.

모인 동전들을 세어보니 모두 33센트였다.

"제 생애에서 가장 성스러운 돈이었습니다. 지금도 그 동전들을 제 사무실에 고이 간직하고 있습니다. 세상에서 가장 가난한 사람들에게 받은 소중한 선물이었으니까요."

모잠비크에서 밥 파에글로우가 이런 경험할 수 있었던 것은, 가난한 사람들을 돕도록 설득한 브라질 청년, 네토가 있었기에 가능한 일이었다.

밥은 의료 선교로 20개국에서 봉사했으며 현재 뉴욕 올버니의 빈민가에서 의료원을 운영하고 있다. 가끔 사람들이 그에게 뛰어난 의료 기술을 이용해 더 편한 삶을 살지 않고 왜 가난한 사람들을 위해 헌신하는지 묻는다. 그럴 때마다 그는 모잠비크의 가난한 사람들에게 받았던 33센트가, 부유한 사람들을 치료해 주며 받는 몇 백만 달러보다도 가치가 있다고 대답한다.

1997년 여름, 파에글로우 박사는 모잠비크 사람들을 위해 인생을 바친 네토가 원인불명의 병에 걸려 서른두 살의 나이로 세상을 떠났다는 소식을 들었다. 그는 모잠비크 시내의 작은 무덤에 묻혔다. 파에글로우 박사는 자신의 홈페이지에 네토에 대한 헌사의 글을 올렸다.

"가진 것 없는, 인생의 벼랑 끝에 몰린, 길을 잃은 사람들을 돌볼 수 있는 세상으로 나를 이끌어 준 것에 감사하오! 다시 만날 날까지 주의 품에서 편히 쉬기를."

결국 사람은 죽는다. 하지만 어려운 사람들을 위해 자신을 희생한 사람은, 또 다른 사람들의 삶에 영원히 살아 숨 쉴 것이다. 밥 파에글로우 박사가 가난한 사람들을 계속해서 돕는 한, 네토의 영향력 또한 계속 이어져 갈 것이다.

1970년대에 바비가 웨스트 버지니아 대학 미식축구팀 감독으로 있을 때 그의 코치로 일했던 밥 안티온Bob Antion이 자신의 경험담을 나에게 말해주었다. 1974년, 펜실베이니아 주립대학Penn State University 졸업생이었던 안티온은 웨스트 버지니아에 도착해서 대학 조교로 일하기를 원했다. 하지만 그가 도착했을 때, 결원된 자리가 없었다.

"바비 감독님은 조교 자리가 날 때까지 저더러 기숙사 상담사로 일해보라고 하셨죠. 아주 좋은 생각 같았습니다. 기숙사로 빨리 거처를 옮겼고, 가을 미식축구 훈련에 치중하기 시작했죠. 나머지 상담사들도 캠퍼스에 속속 도착했습니다. 매니저가 환영 워크샵에 저를 초대했어요. 워크샵이 선택사항이라고 잘못 알고 있었던 저는 워크샵에 참여하는 대신 훈련을 선택했습니다.

다음날 아침, 매니저가 저에게 워크샵에 참석하지 않았다고 다그쳤고, 결국 전 그 이유로 해고를 당했어요. 기숙사에서 짐을 모조리 빼야 했죠. 그날 오후, 제 차를 한 친구에게 빌려주었는데, 차가 박살이 나서 돌아왔더군요. 하루 사이에 저는 직업도, 살 곳도, 그리고 차까지 모두 잃었어요. 엄청난 충격이었습니다.

나는 바비 감독님에게 이 상황에 대해 이야기하자, 그는 '연습 후에 만나세. 은행에 같이 가야겠어' 라고 하시더군요.

은행에서 감독님은 '바비 보우덴 엔터프라이즈'라고 그 자리에서 회사 이름을 지으셨고, 그 이름으로 계좌를 열었어요. 그리고 살 곳을 마련하라며 1천 달러짜리 수표를 주셨어요. 게다가 제 석사과정

학비를 낼 수 있을 정도의 금액의 수표도 써 주셨고요. 식사는 선수 식당에서 해결하라고 하셨어요. 그리고 포드자동차 대리점에 전화하셔서 차도 한 대 사주셨어요. 또 바비 보우덴 엔터프라이즈의 유일한 사원으로 한 달에 500달러씩 지급해 주셨고요. 당연히 이 모든 것은 감독님의 개인 비용이었어요.

감독님과 알고 지낸지 일주일 정도밖에 되지 않았는데, 감독님은 사비를 부담하면서까지 제가 남아있을 수 있도록 도와주셨어요. 1974년은 감독님에게 매우 힘든 시기였습니다.

4승 7패로 씁쓸하게 시즌을 마감했고 팀 내에도 많은 문제가 있었거든요. 격분한 팬들은 바비 감독님의 모형을 캠퍼스에 있는 나무에 매달아놓기까지 했습니다. 하지만 감독님이 보여주신 인내를 저는 결코 잊을 수 없을 거예요. 그리고 그 다음 시즌에 아주 멋진 팀을 이루어 피치볼(Peach Bowl, 대학 미식축구 토너먼트의 하나로 애틀랜타에서 열림-역주)에 진출했습니다.

바비 감독님이 웨스트 버지니아를 떠난 후, 저는 웨스트 버지니아 주의 블랙스빌에 있는 고등학교에서 코치를 시작했습니다. 제 나이 24살이었죠. 그 때부터 쭉 코치를 해오고 있습니다. 하지만 생면부지의 대학 조교를 위한 바비 감독님의 개인적인 희생이 없었더라면 제 인생이 어떻게 흘러갔을지 모르겠어요."

바비를 위해 뛰었던 여러 명의 선수들을 인터뷰하고 나니, 반복해서 듣게 된 한 가지 공통점이 있었다. 바로 바비 감독이 롤 모델이라는 것, 그리고 그의 선수들이 그를 닮고 싶어 한다는 것이었다.

잭슨빌 재규어스의 풀백인 그레그 존스Greg Jones는

"저는 아직 젊지만, 나이가 들면 바비 감독님 같은 사람이 되고 싶고, 그런 멋진 인생을 살고 싶다고 생각하기 시작했습니다"라고 말했다.

그리고 현직 테네시 타이탄스Tennessee Titans의 스트롱 세이프티인 크리스 호프Chris Hope는 다음과 같이 전했다.

"감독님은 본인이 하지 않을 일을 저희에게 강요한 적이 없어요. 리더들을 보면 말과 행동이 다른 경우가 많죠. 하지만 감독님은 항상 모범을 보이며 감독님을 따를 수밖에 없도록 만드셨어요."

〈바비 보우덴의 방식: 50년간의 리더십의 지혜The Bowden Way: 50 Years of Leadership Wisdom〉라는 책에서 바비 감독은 다음과 같이 기술했다.

"사람들을 이끌고 싶다면 모범을 보여라. 본보기를 보여라. 사람들에게 알려지기를 원하지 않는 일은 아예 하지마라. 그들은 결국 모든 것을 알게 될 테니까 말이다. 당신은 선수들 중 한 명이 아니다. 당신은 그들의 리더이다. 높은 도덕적 가치를 고수하며 그들을 이끌어야 한다.

당신은 조직의 최고 지도자다. 당신이 사람들에게 무엇을 기대하든,

당신이 먼저 그것을 보여야 한다. 이러한 책임감을 원하지 않는다면 대신할 사람을 찾아 자리를 내줘라. 아래 사람이 정직함, 충성심, 올바른 태도를 갖고 일할 지의 여부는 당신이 여태껏 어떠한 모범을 보였느냐에 의해 결정된다. 왜냐하면 이러한 덕목들이 얼마나 중요한 것인지 사람들이 먼저 알게 될 것이기 때문이다."

사람들에게 좋은 영향을 주기 위해서는, 우리의 말과 행동이 일치해야한다. 당신의 직원이 당신에게 충성하고 진실하기를 원한다면, 당신이 먼저 충성심과 진실함이 무엇인지 그들에게 보여주어야 한다. 당신이 종교인의 도덕과 윤리에 대해 설교를 한다면, 당신 컴퓨터에 포르노 동영상이 있어서는 안 될 것이다. 선수들에게 훌륭한 스포츠 정신을 기대한다면, 그 어떤 상황에서도 당신이 먼저 언행을 조심해야 한다.

2007년, 칼 립켄 주니어Cal Ripken Jr.(메이저리그 2,632 연속출전경기 신기록을 보유한 선수로 1981년 데뷔해 2001년 은퇴할 때까지 줄곧 볼티모어 유니폼만 입은 전설적인 선수. 통산성적은 타율 0.276, 3,184안타 431홈런 1,695타점을 기록한 대표적인 공격형 유격수-역주)가 야구 명예의 전당에 입성했을 때, 그는 우리의 행동이 사람들에게 미치는 영향에 대해 현명하고 통찰력 있는 연설을 했다. 그 중 한 부분을 소개한다.
"저는 메이저리그에서의 경력을 차치하고라도, 제 행동에 조금 더

주의를 기울이기 시작했습니다. 케니 싱글톤Kenny Singleton이 옛날에 제가 스트라이크 아웃을 당하고 헬멧을 집어던지는 모습이 담긴 영상을 보여 주며, '소감이 어때?'라는 짧은 질문을 던졌습니다. 정말 부끄러웠지요.

먼 곳에서 저를 보기 위해 돈을 모아 볼티모어Baltimore에 왔던 한 가족이 생각났습니다. 제가 1회에서 삼진 아웃을 당하자 어린 아들은 경기 내내 울었습니다.

아이들도 우리 행동의 일부만이 아닌 모든 것이 영향을 미친다는 것을 이미 알고 있습니다. 우리가 원하든 원치 않든, 빅 리그의 선수인 우리는 롤 모델입니다. 문제는, 그것이 긍정적인 영향을 줄 것인가 아닌가 하는 것입니다. 스포츠는 가치관의 형성과 삶을 살아가는 원칙을 깨닫게 하는 데에 큰 역할을 합니다. 인생에서 큰 성장을 하는 좋은 도구로도 쓰일 수 있습니다. 팀워크, 리더십, 윤리관과 신뢰, 이 모든 것들이 스포츠에 필요한 덕목들이고, 인생을 살아가는 데에도 중요한 요소들입니다. 모든 선수들에게 주어진 필수적 임무는 오늘날의 젊은이들이 이러한 교훈을 얻어 더 나은 내일을 살 수 있도록 하는 것입니다."

칼 립켄 주니어는 이렇듯 이타적인 태도를 보였다. 보답을 바라지 않고 팬들을 생각하는 마음과 의지를 보인 그는 팬들, 특히 어린 팬들에게 큰 영향을 미쳤다.

야구선수 출신이자 스포츠방송 해설가인 버디 블래트너Buddy

Blattner는 레드 삭스 팀의 오랜 외야수인 테드 윌리엄스에 대한 이야기를 회상한다. 블래트너는 동료 방송인인 디지 딘과 함께 레드 삭스 경기를 중계하기 위해 보스턴으로 갔다. 그들은 테드 윌리엄스가 지내던 켄모어 호텔에 도착했고, 테드는 오랜 두 친구와 담소를 나누기 위해 내려왔다.

버디는 어느 병원을 방문했다가 만나게 된 열 살짜리 테드의 팬 이야기를 들려주었다. 백혈병으로 죽어가고 있던 그 소년은 간호사들에게 많은 관심과 보살핌을 받고 있었다.

"매일 같이 복도에서 간호사들이 그 아이에게 나무 방망이를 쥐어주고, 무릎과 손으로 바닥을 기며 그 아이에게 공을 굴려주었지. 그 아이는 공을 쳤고, 공이 굴러가면 그들은 외쳤어. '오, 2루타다. 3루타다. 홈런이다.' 홈런일 때에는 테드가 홈런을 쳤다고 하더군!"

그 아이의 병실은 테드 윌리엄스의 기념품으로 꽉 차 있었다. 아이는 "테드 아저씨를 만나면 저 대신 안부를 전해주세요"라고 블래트너에게 말했다. 그가 아이의 병실에서 나오자, 간호사들이 복도에서 그를 막아서는 혹시 테드 윌리엄스가 아이에게 야구모자나 사인볼을 보내주도록 힘을 써줄 수 없냐고 물었다고 한다.

한참을 듣고 있던 테드가 말했다.

"블래트너, 내가 그 아이를 만나러 직접 날아가겠네(그는 전용기를 가지고 있고, 제2차 세계대전에 참전했던 비행사 출신이었다). 하지만 두 가지 조건이 있어. 공항에서 그 아이와 그 아이의 부모만 만나고 싶네. 방송국이나 다른 단체에서 몰려온다면 곧바로 다시 돌아올 거야."

테드의 두 번째 조건은, 언론에 절대 보도되어서는 안 된다는 것이었다. 테드는 완강히 언론 보도를 거부했다.

"제 방송경력 사상 가장 훈훈한 이야기였어요. 절대 발설할 수 없었습니다. 그 소년은 그 해 말에 세상을 떠났지만, 그의 영웅의 방문으로 인해 인생 최고의 날들을 즐길 수 있었을 거예요"라고 블래트너는 말했다.

누구도 모르게, 어떤 보답도 바라지 않은 채 병든 한 아이만을 위해 발 벗고 찾아갔던 그의 모습을 본 후, 블래트너는 테드 윌리엄스를 더욱 존경하게 되었다.

책임과 희생정신

개성이 강한 경영자인 리 아이아코카Lee Iacocca는 1978년에 포드를 나와 추락하고 있던 크라이슬러를 맡는다. 이듬해, 그는 정부에 15억 달러의 대출을 보증해 달라고 요청했고, 몇 년 후, 아이아코카는 크라이슬러를 재앙의 문턱에서 구해냈다. 그는 미국에서 처음으로 미니밴을 출시했고, 정부의 대출금을 7년이나 일찍 갚아 1992년, 미 역사상 최고의 경영인이라는 명예를 얻고 은퇴했다.

그의 자서전에 따르면, 아이아코카의 첫 번째 난관은 회사의 회생을 위해 수년 간 크라이슬러 직원들과 납품 업체들에게 임금과 모든 비용을 동결 시키는 일 이었다. 그러한 희생이 없었더라면, 크라이슬러는 실패했을 것이며 몇 백 명, 몇 천 명을 실업자로 만들었을 것이다. 그가 직원들과 노조들에게 희생을 치르게 했던 비결은 무엇이었을까? 그것은 분명 자신이 희생하는 모습을 보였기에 가능한 일이었다.

 "나는 내 연봉을 1달러로 줄이는 것부터 시작했습니다. 리더십이라는 것은 모범을 보여야 하는 것이니까요. 당신이 리더의 자리에 있다면, 사람들은 당신의 모든 행동을 모방하게 됩니다. 리더가 이야기를 하면, 사람들은 듣지요. 리더가 실행하면, 사람들은 지켜봅니다. 그래서 항상 말과 행동을 조심해야 합니다. 저는 순교자가 되기 위해 일 년에 1달러를 받은 게 아닙니다. 단지 불구덩이에 뛰어들어야 했기에 그렇게 한 것입니다. 그래야 노조위원장인 더그 프레이져Doug Fraser를 만났을 때 눈을 똑바로 쳐다보며 '제 부탁을 들어 주시오'라고 요구할 수도 있고, 그도 나에게 찾아와서 '당신이 희생한 것이 뭐가 있소?'라고 따질 수 없을 테니까요. 그런 이유 때문에 그렇게 한 것입니다. 저의 직원들과 업체들이 '저런 사람이라면 같이 가도 되겠어'라고 생각해주기를 바란 것이죠."

당신은 고급 요리를 즐기면서 남들에게 희생을 강요할 수는 없을 것이다. 당신의 가족이나 팀, 직원들, 군인들, 또는 주민들이 희생하기를 원한다면, 당신이 희생이 무엇인지를 먼저 보여줘야 한다. 우리가 우리의 행동으로 다른 사람에게 영향을 미칠 때, 말은 필요하지 않다.

조지 마셜(George Marshall, 1880~1959년) 장군은 제2차 세계대전 당시 미군 참모총장이었다. 전쟁 후에 트루먼 대통령은 그를 장관으로 임명했다. 그는 전쟁으로 폐허가 된 유럽을 재건하기 위해 야심찬 프로그램을 수립했다. 그것은 그에게 1953년에 노벨평화상을 안겨준 '마셜 플랜'이었다.

마셜 장군은 영향력으로 지도하고, 모범으로 이끌 수 있다는 것을 믿었다. 1927년, 조지아 주 포트베닝Fort Benning의 보병학교의 지휘를 할 당시, 그는 그 황폐한 곳에서 군사우체국을 발견했다. 건물의 페인트는 벗겨지고 망가진 곳이 많았으며 바닥에는 잡초가 무성했고 엉망진창이었다. 호통을 치며 명령하는 대신, 마셜 장군은 필요한 페인트 도구, 건축자재, 원예도구 등을 요청하고 스스로의 힘으로 고쳐나가기 시작했다. 장군은 부하들에게 아무 말도 하지 않았지만, 그의 행동이 대신 명령을 하고 있었다. 그는 손수 페인트칠을 하고, 청소하고, 손질하고, 잔디를 심었다. 부대원들은 마셜 장군을 따라 함께 새 임시 숙소를 청소하고 수리했다. 몇 주 지나지 않아, 포트베닝은 새로운 모습으로 탈바꿈했다. 마셜 장군의 조용한 모범적인 행동 때문이었다. 한 사람의 노력이 다른 사람들도 거듭나게 하도록 영향을 줄 수 있다.

    1998년, 한국의 신예 골퍼 박세리가 두 개의 메이저 대회인 맥도
날드 LPGA 챔피언십과 US여자오픈 골프선수권대회에서 우승을 거
머쥐었다. 프로로 전향한 지 고작 두 해 지난 스무 살의 어린 나이
로, 박세리는 US여자오픈 골프선수권대회 사상 최연소 우승자가 되
었다. 뿐만 아니라, 그녀는 젊은 한국 골프선수들이 LPGA에서 쾌거
를 이룬 '서울 시스터즈'의 붐을 일으킨 주역이기도 하다. 최근 '서
울 시스터즈' 중에서 큰 활약을 보인 선수는 박인비 이다. 그녀가
아홉 살 때인 1998년, 부모님이 새벽 3시에 그녀를 깨운 덕분에, US
여자오픈 골프선수권대회에서 맨발투혼으로 멋진 경기를 펼친 박
세리 선수의 모습을 볼 수 있었다. 박세리 선수의 우승은 그날 이후
어린 박인비에게 큰 영향을 끼쳤고, 이틀 후 박인비는 생애 처음으
로 골프채를 쥐게 되었다.
    US여자오픈 골프선수권대회에서 처음으로 그녀의 우상을 본 지
10년이 지난 2008년 6월 29일, 박인비 선수는 2008년 US여자오픈
골프선수권대회에서 우승했다. LPGA대회에서의 첫 우승이자, 메이
저 대회 첫 우승이었다.

    "박세리 언니에게 진심으로 감사의 말을 전하고 싶습니다. 그녀는
한국 골프를 위해 정말 많은 일을 해내셨거든요. 10년 전, 저는 텔레비

전에서 그녀가 우승하는 것을 보았습니다. 그 당시에는 골프에 대해 아무것도 몰랐었죠. 하지만 저는 박세리 선수를 보고 있는 것만으로도 가슴이 벅차올랐습니다. 저도 할 수 있다고 생각했고, 바로 골프를 시작했어요."

박인비 선수가 박세리 선수를 보며 꿈을 키워왔던 것처럼, 지금도 몇 천 명의 젊은 소녀들이 골프채를 휘두르며 '제2의 박인비'가 되기 위해 꿈을 키우고 있다.

가수 토니 베넷Tony Bennett은 자서전에서 그의 부모님이 뉴욕의 한 동네에서 슈퍼마켓을 운영했던 시절을 떠올린다. 베네데토(본명은 안토니 베네데토) 가족은 그 슈퍼마켓 위층의 아파트에 살고 있었다. 경제공황이 극에 달했을 당시 어느 날, 술에 취한 한 남자가 돈을 훔치기 위해 슈퍼마켓으로 들어왔다. 시끄러운 소리를 듣고 일어난 토니 베넷의 아버지는, 무슨 일인지 알아보기 위해 아래층으로 달려갔다. 그는 도둑처럼 보이는 사람이 발을 헛디뎠는지 넘어져 의식을 잃고 큰 대(大)자로 쓰러져있는 것을 발견했다.

몇 분 후, 경찰들이 와서 그를 깨웠다. 그리고는 토니의 아버지에게 고소를 한다면 이 남자는 감옥살이를 하게 될 것이라고 말했다. 하지만 동정심이 많고 너그러운 토니 베넷의 아버지는 도둑에게 물었다.

"직업이 있소?"

"없습니다."

"원한다면 일할 수 있게 해주겠소. 우리 집에서 일하는 것이 어떻겠소?"

그는 도둑에게 즉석에서 일자리를 주었다.

"아마 아버지 같은 사람은 없을 거예요."

토니 베넷이 말했다.

"이것은 자선이 아니라, 사람의 마음을 움직이는 인간의 힘을 잘 보여주는 일화지요. 결국, 우리 모두는 한 배를 탄 것입니다."

토니의 아버지는 자신의 가게를 도둑질 하려했던 한 남자를 넓은 아량으로 용서했다. 우리에게 잘못한 사람들을 용서하고 관계를 회복할 때마다, 우리는 그들의 인생에 강력한 영향을 미친다. 그것이 바로 행동이 가진 영향력인 것이다.

행동으로 말하라

나는 사람들에게 영향을 끼치는 자신의 행동에 항상 조심스러워 하는 도노반 맥냅Donovan McNabb에 깊은 감명을 받았다. 도노반은 1999년부터 2009년까지 필라델피아 이글스의 쿼터백이었고, 레드스킨즈와 바이킹스에서도 활약했다. 그의 활약으로 이글스 팀은

NFL에서 5차례나 리그 우승을 했고, 슈퍼볼 우승을 거머쥘 수 있었다.

이글스에서 신인선수 꼬리표를 뗀 그는 당뇨병 연구를 위한 도노반 맥냅 재단을 설립했다. 그의 아버지와 형 모두 당뇨병을 앓고 있었던 도노반은, 그가 가끔 미식축구 교실을 열었었던 미국당뇨협회의 청소년 캠프에 많은 어린이들이 참가할 수 있도록 아낌없는 지원을 했다.

2000년, 시카고의 하얏트 리젠시 호텔에서 열렸던 재단 취임식 만찬에서 도노반에게 기조연설을 부탁받았을 때 나는 굉장히 영광스러웠다. 나는 도노반과 그의 약혼녀(현재 부인)인 라구엘, 그의 부모님인 샘과 윌마, 그리고 그의 남동생 션과 같은 테이블에 앉았다. 맥냅 가족은 결속력 있고 독실한 믿음을 가진 특별한 가족이었다. 그날 오후 내내, 샘과 윌마가 두 아들을 잘 키웠다는 것을 확연히 느낄 수 있었다.

"저의 부모님은 언제나 모범적인 사람이 되라고 저를 가르치셨습니다. 그리고 성공을 우선시 하지 말라는 것도요. 알게 모르게 사람들이 처음부터 끝까지, 항상 저를 보고 있다는 것을 알고 있었기 때문에 멋진 롤 모델이 되어야 했습니다."

도노반의 아버지 샘이 〈워싱턴 포스트〉에서 이렇게 말한 적이 있다.

"저는 두 아들들에게 '행동으로 말하라'고 가르쳤습니다. 성경의 잠언에 '마땅히 행할 길을 아이에게 가르치라. 그리하면 늙어도 그것을 떠나지 아니하리라'라는 구절이 있습니다. 도노반은 저보다 더 뛰어난 기량으로 상황을 해결해 왔습니다. 그가 행동으로 자신을 보여준다는 사실이 정말 자랑스럽습니다."

도노반 맥냅은 역경과 시련을 이겨 왔지만, 그가 비판하며 언쟁을 벌이거나 자신을 위해 변명을 늘어놓는 것을 본 사람은 없을 것이다. 그 대신 그는 언제나 행동으로 말했다.

2002년의 정규시즌 11주차 경기에서, 그는 애리조나 카디널스 Arizona Cardinals의 수비수 아드리안 윌슨Adrian Wilson에게 1쿼터 초반에 태클을 당했다. 팀 닥터가 라커룸에서 그의 발목을 검사해보더니, 도노반의 발목이 심하게 삐었다는 진단을 내렸다. 그는 팀 닥터에게 테이프로 발목을 대충 감고 경기를 하게 해달라고 부탁했다.

도노반은 매우 고통스러웠지만 남은 경기를 뛰었고, 25번의 패스 시도 중에서 수비수를 따돌리며 20번의 패스를 성공시켰다. 또한 그는 수비수를 제치고 255야드를 뛰어 4번의 터치다운을 했다. 그 결과 이글스는 38 대 14로 승리했다. 경기 직후 엑스레이 검사를 해보니, 발목이 삔 정도가 아니라 종아리뼈가 세 조각으로 부러져 있었다. 뼈가 부러진 다리로 프로 미식축구의 3.5쿼터 경기를 이어가기에는 엄청난 고통이 따랐을 것이다.

이듬해 9월, 도노반 맥냅은 당시 ESPN의 해설자였던 라디오 호스트, 러쉬 림보Rush Limbaugh의 논란이 있는 발언의 대상이 되었다. 여론 의견과 경기 분석결과를 보며 러쉬 림보가 말문을 뗴었다.

"오늘은 NFL 경기에 대해 많은 걱정의 목소리가 들려오는 것 같습니다… 방송 매체들은 흑인 쿼터백인 맥냅에게 많은 기대를 걸고 있는데요… 글쎄요, 맥냅이 자기 실력에 비해 과대평가를 받고 있는 것이 아닌가 하는 생각이 듭니다."

림보의 말은 사실과 달랐다. 비록 2003년 시즌 초반에 이글스 팀이 부진했던 것은 사실이지만, 맥냅은 곧 이글스 팀을 NFC의 우승으로 이끌어, NFL 최고의 쿼터백 2위로 뽑히면서 림보가 틀렸다는 것을 보란 듯이 증명했다. 경기에서 맥냅의 통계치가 낮았던 이유는, NFL 와이드 리시버(공격 라인의 몇 야드 바깥쪽에 위치한 리시버) 중 가장 실력이 없는 선수가 그의 팀에 있었기 때문이다. 다음 시즌에서 슈퍼스타 리시버인 터렐 오웬스Terrell Owens가 이글스에 영입이 됐고, 맥냅은 이글스를 제39회 슈퍼볼로 이끌었다. 비록 이글스가 뉴잉글랜드 패트리어츠에게 패배했지만, 도노반 맥냅은 림보의 말에 행동으로 답한 셈이다.

이렇게 훌륭한 실력과 품성을 가진 맥냅에게 향한 또 다른 말도 안 되는 비난은 '흑인답지 못하다'는 것이었다. 도노반은 몇몇 비평가들, 특히 '사형집행자'라는 별명을 가진 복싱선수 버나드 홉킨스Bernard Hopkins의 공격 대상이 되었다.

2011년 5월, 필라델피아 〈데일리뉴스〉 기자인 마커스 헤이즈는 "홉킨스에 따르면, 맥냅은 시카고의 교외에서 부유한 어린 시절을 보냈기 때문에, 진정한 흑인이라고도, 그렇게 강인하다고도 할 수 없다"고 말했다.

'부유한 어린 시절'이라니 이 무슨 해괴망측한 소리인가?

맥냅 가족은 우범지대로 악명 높은 시카고의 사우스 사이드에 살았다. 아버지인 샘은 전기 기술자였고, 어머니인 윌마는 간호사였다. 그들은 겨우 입에 풀칠할 정도의 생활수준이었고 어렵게 모은 돈으로 사우스 사이드에서 벗어나 시카고 교외의 백인들이 모여 사는 돌튼으로 옮겨 올 수 있었다. 맥냅은 '부유하다'고 할 수 없는 중산층의 평범한 가족이었고, 그 동네에 처음으로 살게 된 흑인이었기에, 집의 창문은 산산조각 나고, 벽에는 외설적인 낙서가 그려져 있는 등 많은 수모를 겪어야 했다.(이제 충분히 흑인다운가, 홉킨스 양반?)

시카고의 사우스 사이드에서 길거리의 흉악범들과 마주할 때도, 교외 지역에서 백인들의 편견에 마주할 때도, 맥냅 가족은 대단한 용기를 보였다. 부모인 샘과 윌마는 꾸준히 그들의 아들 션과 도노반에게 믿음과 열정, 용기 그리고 가치관에 대해 가르쳤다. 정의를 사수하고, 비난을 감수하며 행동으로 말하도록 아들들을 가르쳤다.

그러한 방식으로 맥냅은 경기에 임하고, 가족을 이끌며 정의로운 삶을 살아왔다.

"말만으로는 효과적인 의사소통을 할 수 없다. 그 불완전함을 채우는 것은 행동의 몫이다"

그의 아버지 샘의 말이다.

이 책의 맺음말을 쓸 당시, 작사가 로버트 셔먼Robert Sherman이 런던에서 사망했다는 소식을 들었다.

몇 년 전, 나는 로버트 셔먼과 그의 남동생 리처드를 인터뷰했었다. 셔먼 형제는 '페어런트 트랩', '메리 포핀스', '정글북'의 영화 음악과 디즈니월드의 주제곡인 '작은 세상It's a Small World'을 작곡했다. 로버트 셔먼의 사망소식을 듣고, 나는 '메리 포핀스'를 위해 그들이 작곡했던 노래에 대해 그의 동생 리처드와 통화했던 일이 떠올랐다.

월트 디즈니와 함께 한 2년 동안, 셔먼 형제는 매주 금요일 퇴근 시간 후 월트의 사무실에 들렀다.

"우리는 함께 우리만의 조촐한 파티를 열었죠. 월트가 어떤 곡을 쓰고 있는지 물었고, 우리는 대답해 주었어요. 그러면 그가 말했죠. '노래를 불러주게, 리처드.' 나는 그가 무슨 노래를 듣고 싶어 하는지 잘 알고 있었어요. '메리 포핀스'의 주제곡으로 쓰였던 '새에게 모이를 주세요Feed the Birds'였습니다. 월트의 사무실에는 피아노가 있었어요. 월트가 사무실 북쪽 창문 밖을 바라보고 있는 동안 저는 연주를 했습니다. 노래가 끝나면 그는 '그래. 그거면 충분해. 좋은 주말 보내게, 친구들'이라고 말하고는 헤어졌습니다.

'새에게 모이를 주세요'는 세인트 폴 성당 앞에서 빵 부스러기를 파는 한 노부인에 대한 노래입니다. 노부인은 '새에게 모이를 주세요, 한 봉지에 2펜스 입니다'라고 말합니다. 그리고 아시겠지만, 이 노래는 새에게 모이를 주는 내용이 아니에요. 사람들에게 친절을 베풀라는 내용이지요. 아무 것도 아닌 겨우 동전 몇 개만으로도 어려운 사람들에게 호의를 베풀기에 충분합니다.

월트는 밥과 내가 그 노래로 전하고 싶었던 뜻을 이해했습니다. 그래서 이 노래가 월트의 애창곡이 된 것 같아요. 이 곡은 우리의 첫 번째 영화 음악입니다. 패멀라 트래버스P. L. Travers의 원작에서 '모이 주는 여자'라는 챕터를 읽고 영감을 받은 곡이지요. 이 곡은 월트와의 첫 스토리 미팅에서 연주되었고, 그에게 마지막으로 연주해 준 곡이기도 합니다. 이 곡을 완성했을 때, 이 곡이 영화 전체를 반영하는 노래라는 것을 느낄 수 있었습니다.

1966년에 월트가 세상을 떠난 후에도, 저는 금요일 오후가 되면 변함없이 그의 사무실에 가서 그를 위해 이 노래를 연주했어요. 그것이 제게는 중요한 일이었습니다.

월트의 100번째 생일날, 디즈니랜드 한복판에 큰 축제가 열렸습니다. 사람들은 제게 피아노 연주와 함께 '새에게 모이를 주세요' 노래를 부탁해왔죠. 저는 노래를 부르며 옛 생각에 목이 메어왔지만 애써 참았습니다. 제가 노래할 때, 예쁜 비둘기 한 마리가 바로 제 옆으로 날

아왔다가 다시 하늘로 날아가는 것을 보았습니다. 하늘나라에 신이 없다고 말하지 마세요!"

이 이야기를 들려주며 리처드는 감정이 북받쳐 오른 듯했고, 나 또한 그랬다. 몇 분이 흐른 후, 나는 "리처드, 부탁이 있어요. 그 노래를 함께 불러주시겠어요?"라고 부탁했고, 그는 흔쾌히 들어주었다. 전화로 반주도 없이 우리는 '새에게 모이를 주세요'를 함께 부르기 시작했다. 우리는 곧 감정에 북받쳐 목이 메어왔다.

아름다운 노래의 주인과 한 마디씩 주고받으며 노래했던 그 순간을 결코 잊을 수 없을 것이다. 그 노래는 우리의 행동과 친절이 다른 사람에게 영향을 줄 수 있다는 내용이다. 사람들을 감동시키는 데에는 많은 비용이 들지 않는다.

요약: 자기진단

1. 당신이 사람들에게 영향을 미칠 때 말과 행동 중 어떤 것이 더 중요한가? 당신의 답은 무엇이고, 경험에서 얻은 예가 있는 지 생각해 보자.

2. 당신이 살아오면서 단지 한 사람의 행동만으로 깊은 영향을 받은 적이 있는가? 그 사건을 기억해보고, 그 일이 당신의 인생에 어떤 영향을 끼쳤는지 이야기해 보자. 그 사건이 아직도 지금의 당신을 형성하는 데 중요한 역할을 하고 있는가?

3. 백혈병에 걸린 어린 팬을 방문했던 테드 월리엄스의 이야기를 떠올려보자. 테드 월리엄스가 그 소년과의 만남을 언론매체로부터 철저히 차단한 이유가 무엇일까? 당신이 그의 입장이라면 당신도 똑같은 조건을 원했을까?

4. 당신 인생에서, 누군가에게 영향은 주고 싶지만, 당신의 말이 도움이 되지 않았던 상황이 있었나? 예를 들어, 힘들어 하는 누군가에게 연락은 하고 싶지만, 그 사람이 당장 누군가의 도움을 받을 마음의 여유가 없다고 해보자. 오직 당신이 그에게 도움을 줄 수 있는

방법이 있겠는가? 그렇다면 당신은 어떤 행동을 취할 것인가?

5. 도노반 맥냅의 아버지 샘 맥냅은 "말만으로는 효과적인 의사소통을 할 수 없다. 그 불완전함을 채우는 것은 행동의 몫이다"라고 말했다. 당신의 행동이 효과적인 의사소통을 하고, 일관성을 유지하도록 하기 위해서 어떤 노력을 할 수 있는가?

제6장.
인생을 바꾼 한 마디의 말

과학자들은 지구와 다른 행성에 존재하는 모든 소리가 끊임없는 파장을 타고 무한한 우주를 순환한다고 말한다. 우리 인생과 우주의 본질에 있어서 말 한 마디의 위력은 그야말로 엄청나다.

—어거스터스 우드버리Augustus Woodbury, 〈젊은이에게 바치는 솔직한 말Plain Words to Young Men, 1858〉

1994년, 듀크 대학의 포워드 선수인 그랜트 힐Grant Hill은 NBA 디트로이트 피스턴스Detroit Pistons팀으로 영입되었다. 높은 기대를 받으며 리그로 진출했고, '제2의 마이클 조던'이라는 명성을 얻었다.

피스턴스 팀이 시즌 초반에 올랜도에 방문했을 당시, 나는 나와 대학시절 경력이 비슷했던 이 친구를 너무나도 만나고 싶어 라커룸으로 찾아갔다(그랜트는 듀크 대학에서 마이크 슈셉스키 감독의 선수였다). 피스턴스 팀이 경기 전 워밍업을 하러 나왔을 때, 나는 그에게 다가가서 말했다.

"그랜트, 당신이 이번 리그에 경기장 안팎에서 엄청난 영향력을 미칠 수 있을 거라고 생각해요. 당신은 당신 그 자체만으로도 아주 큰 변화를 만들 수 있으니까요."

그는 악수를 하며 고맙다고 짧게 말하고는 경기장으로 들어갔다. 그 대화는 길어봤자 30초밖에 되지 않았다.

시간은 흘러 어느 덧 2000년, 올랜도 매직 팀이 그랜트 힐을 자유계약선수로 영입한 해였다. 그랜트가 올랜도에 도착한지 얼마 지나지 않아, 그가 나에게 찾아와서 말했다.

"이 곳 올랜도에서 첫 경기를 하기 전에 당신과 나누었던 그 짧은 대화를 잊을 수가 없었어요. 항상 당신이 해준 말을 마음에 품고 그렇게 살려고 노력해왔습니다. 항상 시합에 긍정적인 영향을 주자는 목표를 세워왔죠."

그랜트 힐의 말로 예전에 나누었던 그 짧은 대화가 기억이 났고, 머리를 세게 한 대 맞은 것 같은 기분이 들었다. 벌써 6년 전 일이었고, 그랜트가 말하지 않았더라면 아마 나는 그런 일이 있었는지조차 잊고 살았을지도 모른다. 그 사건으로 사람들이 갖고 있는 영향력을 일깨워주는 것이 얼마나 중요한 일인지, 그리고 그 영향력을 현명하게 사용하는 것이 얼마나 중요한 것인지 알게 되었다.

말은 오래도록 기억된다. 우리가 하는 말은 우리가 생각하는 것이상으로 큰 영향력을 갖고 있다.

나는 그랜트가 올랜도에서 7년을 지내는 동안, 그의 영향력을 얼마나 긍정적으로 사용하고 있는지를 가까이서 지켜볼 수 있었다. 그가 입성하자마자 발목 부상으로 고전을 해야 했고, 2003년에는, 발목을 재골절하고 교정하는 대수술을 치러야 했다. 수술 후 그는 불행하게도 또다시 MRSA(슈퍼박테리아균의 일종)라는 치명적이고 극도로 심각한 균에 감염되고 말았다. 그 후 그는 6개월 동안 정맥 내 항생치료까지 받아야했다. 2004-2005년도 시즌에 야심찬 컴백을 했지만, 다음 시즌에는 부상으로 다시 고전해야 했다. 하지만, 온갖 역경과 싸워오면서도 그랜트 힐은 그의 기질과 영향력을 잃지 않았다.

〈블리쳐 리포트(스포츠 전문 웹진)〉의 브랜던 랜드Brandon Land는 그에 대해 다음과 같이 말했다.

"그랜트 힐은 롤 모델로서의 책임감을 갖는 운동선수의 완벽한 전형이라고 할 수 있습니다. 그의 경력 내내 그랜트 힐은 기대의 눈으로 바라보는 주위의 부담스러운 시선을 기꺼이 감수해 왔습니다. 그는 요즘 프로 선수들에게서 찾아보기 힘든 미덕을 갖춘 사람입니다. 가장 힘든 시간을 인고해낸 그의 끈기 또한 당신이 그를 좋아할 수밖에 없게 만들 것입니다"

항상 자신의 말이 가진 영향력을 의식하면서, 그랜트는 고맙게도 나의 말이 그에게 끼친 영향에 대해 다시 한 번 생각하게 해 주었다. 영향력 있는 말은 쌍방통행이라는 것, 그것이 영향력의 강력한 특징 중 하나이다.

당신의 말은 나에게 영향을 주고, 거꾸로, 나의 말도 당신에게 영향을 준다. 이 책을 집필하던 어느 날, 손으로 쓴 편지 한통을 받고 내가 뛸 듯이 기뻐했던 것이 생각난다.

팻에게!

"방금 라디오에서 당신의 목소리를 들었습니다. 당신이 암과 싸우고 있는 줄은 꿈에도 몰랐네요. 당신은 언제나 그랬지만 정말 멋진 사람이에요. 지금 같은 긍정적인 자세로 병과 맞서 싸운다면 틀림없이 물리칠 수 있을 것이라 믿습니다.

저희 어머니인 레온 박사는 한 평생을 유방암 치료를 위해 바치셨어요. 긍정적인 태도, 그리고 완치를 위한 적극적인 자세는 성공적인 치료를 위한 필수요소라고 하셨지요.

좋은 책들을 써주셔서 다시 한 번 감사를 드립니다. 제 영어학 학위는 선반위에 자리만 차지하고 있네요. 당신의 재능에 감사합니다. 당신은 우리에게 여러모로 훌륭한 본보기가 되어주고 계세요. 매직 팀이 당신과 함께 할 수 있어 행운입니다."

진심을 다해, 당신의 친구가
앤디 레이드, 필라델피아 이글스 감독

내가 라디오에서 했던 어떤 말이 앤디 레이드에게 영향을 주었다는 사실은 굉장히 감동적이면서도 한편으로 부끄럽기도 했다. 그리고 용기와 영향력이 가득 담긴 그의 말을 듣게 되다니 마음의 치유를 얻는 것 같았다.

영향력은 일방통행이 아니다. 우리의 말은 서로를 격려하고 자극하고, 원동력을 주며 쌍방으로 영향력을 전달하는 훌륭한 방법 중 하나이다.

말 한 마디의 영향력

과연 한 마디의 말이 사람의 인생을 바꿔 놓을 수 있을까?

플로렌스 그리피스 조이너Florence Griffith-Joyner는 '플로 조Flo-Jo'라는 애칭으로 잘 알려진 미국 육상선수이다. 그녀는 20세기에 이르러 가장 빠른 여성으로 알려져 있다. 1988년 서울 올림픽 당시 여자 100미터와 200미터 계주에서 우승의 영광을 차지했고, 이 기록은 오늘날까지 깨지지 않고 있다. 하지만 1998년 9월의 어느 날, 잠을 자던 중 심장발작으로 돌연 세상을 떠나 사람들을 놀라게 했다. 당시 그녀의 나이는 겨우 38세였다.

나는 1995년에 플로 조를 처음 만났다. 그날 우리는 저녁을 함께 했다. 그녀는 LA의 사우스 센트럴 지역에서 자라며 얼마나 불우한 유년시절을 겪었는지 들려주었다. 자신이 막 여덟 살이 되던 해에 당시 프로 복싱을 지배하던 철권 슈거 레이 로빈슨Sugar Ray Robinson 을 처음 만난 이야기를 꺼낼 때는 눈을 반짝였다.

"슈거 레이가 내 눈을 똑바로 쳐다보았어요."

그녀는 이렇게 말을 꺼냈다.

"그리고 그가 제게 말했어요.

'네가 어디에서 왔는지, 무슨 인종인지, 또는 무엇을 하는지는 중요하지 않다. 중요한 건 바로 너의 꿈이고, 그 꿈에 전념하는 거다. 그러면 기필코 이루어질 수 있단다.'

그 때 저는 그 사람 말에 홀딱 넘어갔죠. 고작 여덟 살이었지만, 그 후로 저는 멋진 미래를 꿈꾸게 되었어요."

슈거 레이 로빈슨은 말 한 마디로 한 소녀의 인생을 바꿔놓았다. 비록 플로 조의 일생은 짧았지만, 그녀는 슈거 레이의 말 한 마디에 해낼 수 있다는 신념을 얻을 수 있었다. 그리고 지금까지 어느 누구도 깨지 못할 최고기록을 세울 수 있었다. 당신 주변의 사람들에게 어떤 말을 건넬 것인가?

나는 암 진단을 받은 뒤 다른 사람의 인생을 바꿔줄 한 마디 말의 중요성을 더욱 실감했다. 요즘 들어, 내게 걸려오는 전화나 편지, 그리고 이메일에 더 귀를 기울이려고 한다. 내가 쓴 답장이나 인터뷰에서 했던 말 한 마디가 누군가의 인생에 전환점이 될 수도 있기 때문이다. 최근 들어서는 글을 쓰거나 누군가와 대화할 때도, 말 한 마디의 영향력을 염두에 두고 한 번 더 생각한다.

몇 년 전, 여동생과 함께 점심을 먹고 있을 때였다. 어느새 60대 초반에 들어선 여동생과 나는 델러웨어 주 윌밍턴에서 보낸 유년시절을 추억했다. 그때 여동생은 생각에 잠긴 표정으로 말을 꺼냈다.

"오빠 나는 커가면서 아무도 나한테 예쁘다고 말한 적이 없어. 엄마, 아빠, 오빠들, 친구들, 심지어 남자친구도, '루스, 너 참 예쁘다. 그 옷을 입으니까 근사해 보여. 머리 그렇게 하니까 마음에 든다'는 식으로 말해 준 적이 없어. 결국 나는 처음으로 예쁘다고 말해준 그 사람과 결혼했어."

그 순간 나는 뒤통수를 맞은 듯한 기분이 들었다.

'창피한 줄 알아라, 팻! 친오빠인데 그런 사소한 것도 몰랐다니'라고 생각했다 루스는 인정받는 말 한 마디를 듣고 싶어 했는데, 왜 나는 동생에게 따뜻한 말 한 마디 건넬 생각도 못 했던 것일까? 왜 나는 '너 오늘 진짜 예쁘다!'라고 말해주지 못했을까.

루스와의 대화는 내게 큰 충격으로 다가왔다. 이제는 나도 내 아이들과 손주들, 특히나 여자 아이들에게 칭찬의 말을 건네려고 한다. 빈말이나 지어낸 말이 아니라 상대방이 듣고 싶어 할만한 칭찬의 말이다. 예를 들어 데이트에 나가는 여자 아이에게 옷이 예쁘다거나, 머리나 화장이 잘 어울린다고 말해줄 수 있다. 인정해주는 칭찬 한 마디가 여자 아이에게 얼마나 큰 격려가 되는지 이제는 알 수 있다.

작은 생각만으로도 다른 사람의 삶에 변화를 가져다줄 수 있다. '더 나은 미래를 위한 모델A Model for a Better Future'이라는 방송이 있다. 여기서 슈퍼모델 킴 알렉스Kim Alexis가 말해준 일화가 생각난다. 그녀는 플로리다 주의 한 레스토랑에서 재력가 친구들과 함께 저녁 식사를 하고 있었다.

웨이터가 킴의 잔에 물을 따라주자 킴은 "고마워요"라고 인사를 했다.

그러자 같이 식사를 하던 한 남자가 그녀에게 말했다.

"이런 사람들에게 일일이 고맙다고 할 필요 없어요! 당신은 그럴 만한 자격이 있잖아요."

킴은 충격을 받았다. 살면서 단 한 번도 자신이 누구보다 우월하다고 생각해본 적이 없었기 때문이다. 킴은 남자에게 말했다.

"저 웨이터는 나만큼이나 중요한 사람이에요. 나를 위해 일하는 사람에게 감사하다고 말하는 건 당연한 일이에요."

그러자 식사를 하던 남자는 기가 막힌 표정으로 그녀를 쳐다보았다.

"킴, 정말 그렇게 생각해요? 저 사람은 손님들 물컵이나 채우면서 최저 임금을 받아가는 사람이고, 당신은 보그Vogue와 스포츠 잡지의 표지 모델이에요. 지나치게 예의를 차릴 필요가 없다고요. 당신이 그들보다 낫다는 건 너무 당연한 사실 아닌가요? 당신이 누군지 다시 한 번 생각해 봐요!"

그 후 킴은 이렇게 회상했다.

"제 눈을 새롭게 뜨게 해준 엄청난 대화였죠. 그 후로도 자기 자신이 다른 사람보다 우월하다고 믿는 사람들을 많이 만났어요. 전 그런 사람들을 이해할 수 없었어요. 우리는 모두 똑같은 사람 아닌가요?"

그녀의 말이 맞다. 신의 눈으로 보면 우리 모두는 동등하다. 그리고 우리는 서로에게 따뜻한 말과 함께 당연히 예의를 갖춰야 한다.

칼럼니스트 데이브 베리Dave Barry는 "당신에게는 친절하지만 남들에게는 친절하지 않은 사람은 절대 좋은 사람이 아니다"라고 말한다. 상대방을 친절하고 품위 있게 대하는 것만으로도, 우리는 사람들에게 긍정적인 영향을 줄 수 있다.

가느다란 실과 픽시 더스트

30년 이상 이어져 온 텔레비전 프로그램 '로저스 씨의 이웃Mister Rogers' Neighborhood'의 프레드 로저스Fred Rogers는 따뜻하고 친절하며 부드러운 말투를 가진 사람이었고, 훌륭한 도덕적 가치를 갖춘 롤 모델이었다. 그는 대통령 훈장을 받았고, 피버디 수상위원회는 Peabody Award는 화성과 목성 사이에 있는 한 행성의 이름을 그의 이름을 따서 미스터로저스Misterrogers라고 붙이기도 했다. 그는 이 사회가 수여하는 모든 영광을 받아온 셈이다. 에스콰이어지의 작가 탐 주노드는 로저스 씨가 1997년 에미상 시상식에서 공로상을 받았을 때 했던 시상소감을 떠올렸다. 그는 허리를 살짝 숙여 인사하고 마이크에 대고 말했다.

"우리 모두에게는 지금의 우리 존재를 있게 한 특별한 누군가가 있을 것입니다. 저와 함께 10초만 당신을 있게 한 그 분을 떠올려보는 건 어떨까요. 10초간 침묵합시다."

그리고는 그의 손목을 들어 청중을 바라보고 손목시계로 다시 시선을 돌리고는 부드럽게 말했다. '제가 시간을 재겠습니다.' 처음에는 청중에서 함성과 웃음이 터져 나왔지만, 모두들 그가 농담하는 것이 아니라는 것을 알게 되었다.

1초, 2초, 3초… 모두들 입을 다물고 숙연해졌고, 샹들리에에 맺혀있는 빗방울처럼 반짝반짝 빛나는 눈물이 떨어지고, 마스카라는 흘러내렸다. 미스터 로저스는 그의 시계를 들여다보고 말했다.

'신의 축복이 당신과 함께 하기를.'"

미스터 로저스는 부드럽고 조용히, 그가 막강한 실력자임을 보여주었다. 권위주의적인 것과는 굉장히 거리가 먼 사람이었지만, 그는 사람을 사랑하는 마음, 특히 어린이들을 사랑하는 마음을 담아 부드럽고, 차분하게 말했다. 청중에게 자신에게 영향을 주고 그들의 인생을 만들어준 사람들을 10초간 생각하라고 했을 때, 청중들은 모두 조용히 그를 따랐다.

〈로저스가 말하는 세상The World According to Mister Rogers〉에서 프레드 로저스는, 어린이와 텔레비전이라는 주제로 백악관에 연설을 하러 갔던 이야기를 들려준다. 에미상 시상식에서 그랬던 것처럼, 그는 잠시 동안 청중에게 지금의 자신을 만들어 준 사람에 대해 생각해보라고 했다. 그가 연설을 마친 후에 어떤 일이 있었는지 살펴보자.

"내가 그 큰 방에서 나가려고 할 때, 마치 동상처럼 흰색과 금색으로 치장된 옷을 입은 한 보초병이 속삭이듯 말하는 것을 들었습니다.

'고마워요, 미스터 로저스.'

그에게 다가가니 촉촉이 젖은 눈으로 말하더군요.

'오늘 하신 말씀을 듣고서, 저는 제 큰할아버지를 생각하게 되었습니다. 몇 년 동안 생각한 적 없었던 분이지요. 제가 일곱 살쯤 되었을 때 큰할아버지가 돌아가시기 직전에 저에게 아끼던 낚싯대를 남겨주셨어요. 그래서 생각했어요. 아마도 그것 때문에 내가 낚시를 좋아하게 되었고, 아이들에게 낚시에 대해 눈을 뜨게 해주고 싶었다는 것을요.'

글쎄요, 제가 그 날 백악관에 가게 된 가장 큰 이유가 그 보초병과 그의 큰할아버지에 대한 기억을 되살려주기 위한 것이 아니었을까 하는 생각이 들었습니다. 이런 멋진 경험의 한 부분이 될 수 있다니! 왜 하필 그날, 왜 하필 그 방에서 그가 보초를 서게 된 것일까요? 가느다란 실이란, 이 복잡한 인생이라는 천을 엮어주는 실과 같습니다."

가느다란 실들은 우리의 작은 영향력들을 뜻하고, 우리의 말에 의해 복잡한 형태의 무늬로 짜여 진다. 당신도 어딜 가든 그러한 영향력을 내뿜고 싶지 않은가? 어딜 가든 기억에 남고, 사람들의 생각과 감정을 따뜻하게 하고 싶지 않은가?

나는 내 주변 사람들에게 그런 영향을 끼치며 살고 싶다. 그리고 나의 말이 그런 큰 영향력을 갖기를 원한다.

아나 두트라Ana Dutra는 콘/페리 리더십 재능 컨설팅Korn/Ferry Leadership and Talent Consulting의 CEO이다. 브라질의 이파네마에서 태어난 그녀는, 리우데자네이루에서 경제학과 법학 학위를 두 개의 학교에서 동시에 취득했다. 변호사로 일하며 박사과정 공부를 하는 동안 그녀는 IBM에 채용되었고, 1992년에 미국으로 건너갔다. 〈뉴욕타임스〉 기사에서, 그녀는 그녀가 들었던 최고의 조언들을 이야기한다.

"내가 컨설팅 일을 시작했을 때, 상사가 나에게 했던 말을 잊은 적이 없습니다. 그는 고객을 위해 우리가 무엇을 했는지 물었죠. 나는 그들이 최고의 성과를 낼 수 있도록 도와주었다고 대답했어요. 그러자 그는, '아니, 자네가 정말로 하는 일이 무엇인가?'라고 말했고 저는 다시 대답했어요. '고객의 성장전략을 위해 조언을 해주고 있습니다.'

그는 내가 아직 무슨 말인지 이해를 하지 못하고 있다고 했고, 우리가 고객에게 제공하는 것은 '픽시 더스트'라고 말했습니다. 그는 모든 경영자는 야망을 갖고 있지만, 그들이 높이 날 수 있다는 사실은 믿지 않는다고 했어요.

우리의 임무는, 팅커벨이 피터팬에게 마법의 가루를 뿌려 함께 날 수 있게 했듯이, 그들에게 마법의 가루인 픽시 더스트를 뿌려, 그들의 손을 잡고 그들이 불가능하리라 생각했던 것을 이루게 하기 위한 것이라고요. 저는 그 일로 공감이 무엇인지 배웠습니다. 저는 가끔 그의 말을 실천하기 위해 회의실에 반짝이 가루를 가져갑니다."

이렇듯 영향력 있는 말은 우리가 주변에 뿌리고 다니는 픽시 더스트와 같다. 우리가 해야 할 일은, 사람들에게 날 수 있다는 확신을 주는 것이다. 그들이 날 수 있다고 믿을 때, 진정 그들은 날게 된다.

진실의 힘

우리가 사람들에게 말로서 영향을 미치는 가장 좋은 방법 중 하나는, 바로 진실을 숨김없이 말하는 것이다. 사람들은 조종하고, 속이고, 거짓으로 아첨을 하고, 변명하고, 선의의 거짓말을 하고, 혹은 거짓으로 사람들을 움직이기 위해 발버둥을 친다. 진실을 가볍게 여기면서 그럭저럭 잘 살아갈 때도 있을 것이다. 하지만 시간이 지나면, 역시 진실이 최선이라는 것을 알게 된다. 우리가 긍정적인 방향으로 사람들에게 영향을 주고 싶다면, 진실을 말해야 한다.

전직 NFL감독인 마이크 홈그랜Mike Holmgren은 솔직함과 정직함의 대명사이다. 스포츠 에이전트인 밥 라몬테Bob LaMonte는 홈그랜에 대해, "그 분이 거짓말을 하는 것은 본 적이 없어요. 선수들은 항상 진실만을 말하는 그를 존경합니다"라고 말했다.

〈NFL에서 이기는 법Winning the NFL Way〉라는 책에서, 라몬테는 홈그랜 감독이 시애틀 시호크스Seattle Seahawks로 영입하고 싶어 했던 와이드 리시버 자유계약선수 이야기를 들려준다. 그 선수는 거짓말을 많이 들어 왔기 때문에 의심이 많았고, 홈그랜도 그들과 똑같은 사람이라는 것을 확인하고 싶어 했다. 홈그랜이 말했다.

"자 봐, 자네가 우리에게 와 주었으면 좋겠네. 우리 팀에서 자네가 해 주었으면 하는 일이 있어. 하지만 선발주자는 아니라는 걸 미리 말하고 싶네. 우리 팀에는 선발주자로 키우기 위해 최선의 지원을 해 주고 있는 두 명의 젊은 선수들이 있거든. 둘 중 한 명이 다치거나 포기하면, 그때는 물론 자네가 선발로 뛸 기회를 가질 수 있을 거야. 하지만 자네가 계약서에 서명을 하게 만들기 위해서 그럴 듯한 말을 억지로 만들어 내지는 않겠네."

그것이야말로 선수들이 알고 싶어 하는 모든 것이다. 홈그랜 감독의 솔직함을 높이 산 그는, 결국 일 년 계약에 사인하기로 결정했다. 그 일 년 동안, 홈그랜은 가끔 세 명의 와이드 리시버 대형을 이루는 경기에 그를 선발로 내세웠다. 일 년이 지난 후, 그는 계속해서 다음 시즌 계약을 연장했고, 시호크스에서 멋진 경력을 쌓았다. 그가 홈그랜 감독을 믿지 못했다면 갖지 못했을 기회일지도 모른다. 홈그랜은 훗날 다음과 같이 말했다.

"내 철학은 정직이 생활 곳곳에 스며들어야 한다는 것이다. 우리는 공적으로나 사적으로나 이런 방식으로 인생을 살아야 한다. 신뢰를 잃으면 누군가를 가르칠 수 없기 때문에 의사소통도 할 수 없을 것이다. 사람들은 우리의 말을 귀담아 듣지 않을 것이며, 목표를 위해서 그들을 움직이도록 할 수 있는 힘도 갖지 못할 것이다."

다시 말하면, 정직하지 못한 말과 행동은 영향력을 좀먹는다. 영향력은 윤리적인 행동과 신뢰를 기초로 세워지기 때문이다.

허브 켈러허Herb Kelleher가 사우스웨스트 항공의 CEO였을 때, 좋을 때나 힘들 때나 그의 직원들과 함께 기쁨과 슬픔을 나눴다. 언젠가 사우스웨스트 항공의 수익이 악화되고 있을 때, 그는 기장에서부터 사무직원, 항공기 정비사에 이르는 모든 사람들에게 회사 재정을 설명하는 편지를 보냈다. 사우스웨스트 사의 가족 모두에게 협력해 줄 것을 당부하며 각자 하루에 5달러의 회사 비용을 아껴달라고 부탁하는 내용이었다. 이런 허브 켈러허의 솔직한 편지로 인해, 사우스웨스트 항공사는 해당 분기의 운영비용의 5.6%를 절감할 수 있었고, 분기 말에는 흑자를 기록할 수 있었다.

이 이야기의 교훈은 진실함이야말로 최상의 방책이자 영향력의 열쇠라는 것이다. 실패와 나약한 모습을 꾸밈없이 드러내고, 보통 사람과 다를 바 없이 우리도 애쓰고 있다는 모습을 보이는 것도 영향력을 넓힐 수 있는 한 방법이다. 이 책을 포함한 나의 모든 책에서, 내가 실패하고 좌절했던 이야기들을 솔직하게 고백하려고 노력했다. 나의 정신적인 나약함, 성격적인 문제, 사춘기 시절의 미성숙함, 그리고 리더로서 행했던 실수들에 대해 털어놓았다. 가장 최근에는, 암과 싸우고 있다고도 솔직하게 글을 썼다. 계속해서 내게 오는 편지와 이메일, 전화통화들은, 내가 내 인생에서의 위기를 가장 솔직하고 꾸밈없이 얘기할 때, 사람들로부터 도움과 격려를 가장 많이 받는다는 것을 여실히 보여준다.

베리 포드Berry Ford는 제럴드 포드Gerald Ford가 대통령으로 재임했던 1974년부터 1977년까지 미국의 영부인이었다. 그녀는 모든 것을 꾸밈없이 그대로 말하는 솔직담백한 여성이었다.

1974년, 그녀가 유방암 판정을 받고 유방절제 수술을 받았을 때, 그녀는 자신의 경험에 대해 스스럼없이 이야기했다. 그것을 계기로, 훗날 몇 천 명의 목숨을 살리게 한 유방암에 대한 국가논의가 시작됐다. 그녀는 중대한 결정에서 머뭇거리지 않고 남녀평등주의, 남녀평등헌법수정안, 성(性) 그리고 자신의 도덕성에 관해 소신을 솔직히 내보였다.

그녀는 1970년대에 알코올 중독으로 오랜 시간 힘들어 했던 경험을 당당히 털어놓았을 뿐 아니라, 약물남용과 중독자들을 위한 베티 포드 센터Betty Ford Center를 캘리포니아의 랜초 미라지 지역에 설립하기도 했다. 그녀가 보냈던 힘든 시간과 지나온 삶에 대해 허심탄회하게 이야기하고자 했기 때문에, 그녀는 미국의 대통령이었던 남편보다 더 뛰어난 영향력을 갖고 있었다고 말하는 사람들도 있다.

〈뉴욕타임스〉는 "당시 미국 사회와 문화 전반에 끼친 포드 부인의 영향력은, 고작 896일간 대통령 사무실의 위엄을 회복시키기 위해 대부분의 시간을 할애했던 그의 남편의 영향력보다 훨씬 폭넓고 지속적인 것일지 모른다"며 칼럼에 소개한 적이 있다. 베티포드가 93세의 나이로 타계했을 때, 전 미국 대통령 지미 카터의 부인 로잘린 카터Rosalynn Carter는 〈타임〉지에 베리포드에 대한 애정의 글을 실었던 것을 떠올렸다.

"약물 중독과 암과 싸워온 그녀의 솔직함과 정직함에 인간미를 느꼈습니다. 모두 그녀를 사랑했죠. 처음 베티를 만났을 때 그녀는 자신의 중독에 대해 털어놓았어요. 그것도 기자회견 자리에서 말이에요… 누군가 그녀에게 물었습니다. '혹시 지금도 약에 취해있는 것 아닙니까?' 그녀는 대답했어요. '네, 저는 매일 신경안정제를 복용하거든요.' 기자들은 기삿거리를 써대느라 정신이 없었습니다. 그녀가 그런 말을 하다니, 저는 참 재미있는 사람이라고 생각했어요. 하지만 그녀가 어떤 반향을 일으키게 될지 아무도 알지 못했죠. 베티포드는 저의 롤 모델이었어요… 공개적으로 거리낌 없이 진실을 털어놓음으로 인해 그녀가 얼마나 많은 사람들에게 감동을 주었는지, 그리고 어떻게 그들의 삶을 바꿔놓았는지 모릅니다."

카터 부인은 베티포드의 영향력에 대해 이야기하고 있다. 그러한 영향력은 정직하고 솔직한 대화로만 얻어질 수 있다. 정직을 기초로 한 영향력보다 더 평생 동안 신뢰할 수 있는 것은 없다.

흥하는 말, 망하는 말

이 책을 마무리하고 있을 무렵, NBA 올스타전이 올랜도에서 열렸다. 올스타 주간에 열리는 연례행사 중 하나로, 은퇴선수협회가 주

관하는 '전설들의 브런치Legends Brunch'가 일요일에 열리게 되었다.

나는 영광스럽게도 그 브런치 행사에 초대되었고, 인권지도자인 제시 잭슨Jesse Jackson도 그곳에 참석했다. 내가 시카고 불스의 단장이었을 당시, 잭슨은 우리 경기를 보러 왔었고, 서로 알고 지낸 지 몇 년 된 사이였다. 브런치가 열리는 동안 잭슨은 나를 찾아와 물었다.

"드와이트 하워드Dwight Howard에게 무슨 일이 있는 건가?"

그 당시 우리 팀의 유명한 센터였던 드와이트 하워드는 트레이드에 대한 가능성을 공개적으로 떠벌리고 다녔다. 그는 더 이상 올랜도에 얽매이지 않고, 가능한 한 많은 기회를 얻고자 했고, 매직이 그를 트레이드 해주기를 바라고 있었다. 몇 달간 이런 상황이 계속되고 있었다. 그래서 잭슨이 물어 온 것이다.

"드와이트 하워드에게 무슨 일이 있는 건가? 그 친구가 대체 무슨 생각을 하고 있는 거지? 이 도시를 호령할 수 있는데. 아니, 호령해야만 한다고. 그의 이름을 딴 호텔도 몇 채 지어야 하고. 그가 올랜도를 떠나서는 절대 안 돼. 내가 전화번호를 아무에게나 주는 편은 아니네만, 드와이트에게 내 번호를 꼭 좀 전해 주게. 나에게 전화하라고 해줘. 혹시 알아. 내가 그를 눌러 앉힐 수 있을지."

그렇게 잭슨은 나에게 그의 연락처를 줬고, 나는 드와이트에게 전해주었다. 이 둘이 무슨 대화를 했는지는 모르지만, 드와이트와 잭슨이 통화한 사실은 알고 있다. 그리고 3주도 되지 않아, 드와이트가 올랜도에서 최소 한 시즌을 더 뛰겠다고 결심한 사실도 말이다.

잭슨의 영향으로 드와이트가 마음을 바꾸게 된 것일까? 글쎄, 그건 독자들의 판단에 맡기겠다.

언젠가 LA다저스의 전 감독이자 단장을 지냈던 토미 라소다Tommy Lasorda가 이스트 코스트의 시상식 만찬이 끝나고 테드 윌리엄스와 시간을 보냈던 것에 대해 이야기한 적이 있다. 그 둘은 토미의 호텔 방으로 가서 새벽 3시까지 이야기꽃을 피웠다. 테드가 토미에게 물었다.

"토미! 프랭크 시나트라Frank Sinatra를 잘 아시죠?"

"그럼, 아주 좋은 친구지." 토미가 말했다.

"저, 토미, 다음에 그 분을 만나면 제가 그의 노래를 얼마나 좋아하는지 전해주시겠어요?"

"자네가 직접 말하지 그러나? 지금 당장 그에게 전화를 하지."

지금은 새벽 세 시였지만, 프랭크가 있는 팜 스프링은 아직 자정밖에 되지 않았다. 토미는 프랭크가 아직 자고 있지 않는 것을 알고 있었다. 토미는 프랭크에게 전화를 걸었다.

"어이 프랭크, 여기 당신과 통화하고 싶어 하는 청년이 있다네."

하며 테드 윌리엄스에게 전화기를 넘겼다. 그 후 십 분 동안, 테드와 프랭크 시나트라는 음악과 야구에 대해 대화를 나눴다.

통화를 끝내고 테드가 다시 토미에게 전화기를 건네주었다.

"믿을 수가 없어요. 방금 프랭크 시나트라와 이야기를 나누었는데, 그가 제 팬이래요!"

그와 동시에, 토미는 전화기에서 프랭크 시나트라의 목소리를 들었다.

"토미, 믿을 수 있겠나? 테드 윌리엄스와 통화를 했는데, 그가 내 노래를 좋아한대! 정말 기쁘지 않은가? 테드 윌리엄스라고!"

이 일화는 우리가 누군가에게 힘을 실어주고, 응원해주고, 용기를 주는 데에 있어서 우리가 말을 어떻게 사용해야 하는지를 잘 보여준다. 긍정적인 말은 긍정적인 영향력을 만들어낸다.

1999년, CBS뉴스는 전 대통령 레이건의 네 자녀 중 막내인 론 프레스콧 레이건Ron Prescott Reagan을 인터뷰했다.

레슬리 스탈 기자가 론 레이건에게 그의 아버지에 대한 에피소드를 말해 달라고 부탁했다.

"저는 아버지가 사람들을 싫어하는 것을 본 적이 없습니다. 다른 사람을 험담하는 것도 들어본 적이 없어요… 그는 뼛속부터 멋진 분이시고 굉장히 위엄 있는 분이세요… 형제들 모두 아버지를 너무나 사랑했어요. 도덕적인 결정을 내려야 할 때, 또는 옳고 그른 문제에 대한 결정을 내릴 때, '아버지라면 어떻게 하셨을까'를 생각하는 것보다 더 좋은 방법은 없었습니다."

당신과 나도 이런 말을 들을 수 있을까? 그것도 우리가 아무도 깎아내리지 않고, 험담하지 않고, '뼛속부터 멋진' 사람이고, 도덕적인 결정을 내리는 데에 롤 모델이 되는 사람인가?

　우리도 그런 평판을 듣고 싶지 않은가? 나는 듣고 싶다. 영향력 있는 사람들은 주위의 분위기를 좌우한다. 우리가 좋은 소문을 퍼뜨리고 다니거나, 다른 사람에 대해 칭찬을 하거나, 다른 사람을 치켜세우는 등의 본보기를 보인다면, 우리도 건강하고 지대한 영향력을 미칠 것이다. 그러나 우리가 악의적인 소문을 퍼뜨리고 다닌다면, 우리는 우리 자신에게 독약을 주는 것과 같으며, 우리의 영향력을 파괴하는 꼴이 된다.

　역사상 가장 현명하고 영향력 있는 사람 중의 하나인 고대 이스라엘의 솔로몬 왕은, "지도자가 거짓말을 귀담아 들으면, 그의 하인들이 다 악하게 된다"고 경고했다. 그러므로 다정하고 용기를 주는 말을 할 기회를 놓치지 마라. 당신이 타인에 대해 좋은 말만 한다면, 앞으로 속삭일 일도 없을 것이다.

　우리가 말로서 우리 자신을 파괴하기 가장 좋은 것은, 남의 험담을 하는 것이다. 사람들은 말한다,

　"하지만 이건 소문이 아니라 사실이에요."

　하지만 당신이 퍼뜨리고 다니는 소문이 '사실'인가 아닌가는 중요하지 않다. 당신과 당신의 이야기를 듣는 사람이 상관할 일이 아니라면, '사실'이든 아니든, 그것은 소문이다. 그리고 소문은 파괴적이다.

　우리가 '사실'이라고 생각하는 대부분의 정보는 사실 편파적이고,

불충분하고, 불확실하며, 검증되지 않은 것들이다. 우리가 관심이 있는 것은 그것이 '사실'인가가 아니라, 얼마나 '흥미로운가'이다.

소문은 가족, 팀, 조직을 해체시킨다. 소문은 도덕을 붕괴시키고, 관계를 망치며, 화합과 생산성을 상실하게 하는 결과를 부른다. 당신이 남에 대해 이러쿵저러쿵 말하고 다닌다면 그것이 당신의 영향력에 도리어 화를 입힐 것이다. 사람들은 당신이 믿을만한 사람이 아니며, 말로서 사람에게 상처를 입히는 사람이라는 사실을 알게 될 것이기 때문이다.

만약 사람들을 북돋우고 그들의 평판을 치켜 세워주는 좋은 소문이라면 얼마든지 떠들어도 좋지 않겠는가.

1967년 4월, 나는 당시 스파턴버그 필리스 팀의 단장이었다. 필리스의 경영본부는 우리 팀의 신입 선수들을 훈련시키기 위해 빅리그의 내야수였던 바비 말크머스Bobby Malkmus를 몇 주간 스파턴버그로 보냈다. 나는 유명한 메이저리그 선수였던 바비가 경기에 관중들을 끌어모을 것이라는 것을 알고 있었기에, 그가 스파턴버그에 합류한다는 사실이 정말 기뻤다.

바비 말크머스는 독실한 기독교 신자였다. 그는 술과 담배를 하지 않았고, 욕설도 하지 않는 사람이다. 하지만 바비는 그의 행동들을 통해 더욱 깊은 인상을 주는 사람이었다.

바비의 다정다감한 성격은, 어디를 가든 모두를 친구로 만들기에 충분했다. 그는 내가 만나왔던 그 누구보다 야구경기에 대해 정통한 사람이었다. 그리고 내가 실제로 만난 사람 중에서 사람을 다루는 능력이 가장 뛰어났다. 바비 말크머스는 어느 문제에서든 공정한 해결책을 찾아주는 솔로몬 같은 지혜의 소유자였다. 그는 항상 정확히 어떤 말을 해야 하는지, 어떻게 말해야하는지 잘 알고 있는 사람이었다.

어느 토요일 이른 아침, 전화벨이 울렸다. 스파턴버그의 경찰서였다. 경찰관은 우리 야구 선수 세 명이 호프집에서 난동을 피웠고, 손님 한 명이 병원에 실려 갔다는 말을 전했다. 때마침 선수들은 이미 버스를 타고 장거리 여행을 떠나고 없던 참이었다. 경찰관과 통화한 후, 나는 무거운 마음으로 본사에 이 사실을 알렸다. 필라델피아 사무실은 선수를 실은 버스가 도착할 즈음 정류장에서 기다리고 있던 우리 팀 매니저에게 연락을 취해, 문제를 일으킨 세 명의 선수를 스파턴버그로 돌려보내라고 지시했다.

나는 징계를 내려야 했다. 두 선수는 해고될 것이고, 나머지 한 선수는 몇 개월 동안은 게임을 뛸 수 없고 감봉조치를 받을 것이다. 세 명 모두 일요일 오후에 택시를 타고 돌아올 예정이었다.

나는 갑자기 두려운 생각이 들었다. 술집에서 벌써 한 사람을 병원으로 보낸 그들에게 어떻게 이 소식을 전해야 할까? 나는 혼자서 이 세 명의 난동꾼들을 마주하게 될 거고, 화가 난 그들은 나를 실컷 두들겨 패도 잃을 것이 없을 것이다. 나는 지원군이 필요했다. 그래서 바비 말크머스에게 전화를 걸었고, 지금 상황을 그에게 설명해주며 함께 아침식사를 했다.

"그러면 말이죠, 야구장에 가서 그 선수들을 함께 만나기로 해요. 우리가 같이 나간다면 별 문제는 없을 거예요."

바비의 말을 듣고 안도의 한숨을 쉴 수 있었다.

우리는 야구장으로 미리 가서 기다렸다. 마침내, 택시가 도착했고 세 선수가 내렸다. 나는 그들이 전투태세를 갖추었을 것이라 생각했는데, 오히려 그들은 겁에 질린 모습으로 나타났다. 내 신변을 보호해줄 바비가 사실은 필요 없었던 것이다. 하지만 그 대신, 나는 그의 지혜와 인격이 필요했다. 나는 아무 말 없이 멀뚱멀뚱 서있기만 했지만, 바비는 이 상황에서 정확히 무슨 말을 해야 할지 알고 있었다.

바비는 팀에서 해고 통보를 받은 두 선수의 어깨를 팔로 감싸며 말했다.

"미안하네, 친구들. 이런 말을 하기가 정말 괴롭지만, 회사가 자네들을 해고시키라고 하더군. 나로서는 어쩔 수가 없다네. 하지만 내가 할 수 있는 일이 있다면 뭐든 말해보게. 최선을 다해 도와주겠네."

물론, 바비가 할 수 있는 건 없었다. 내가 할 수 있는 일도 없었다. 하지만 바비는 그 말이 필요하다는 것을 알고 있었다. 그는 본사가 불공평한 처사를 내렸다거나 너무 심한 처벌이 아니냐는 말을 하지 않았다. 그는 친구로서 위로의 말을 했을 뿐이었다.

나는 바비가 일촉즉발의 상황을 불식시키는 데에 그가 어떻게 위로의 말을 하는지를 보고 깊은 감명을 받았다. 그리고 위기에 대처하는 방법을 배웠다. 바비 말크머스는 갈등에서 평화를 찾은 것 이상의 역할을 했다. 그는 말 몇 마디로 그 세 선수에게 자애로운 영향을 미쳤다. 뿐만 아니라, 나에게도 큰 영향을 주었다.

몇 년이 지난 후, 말의 영향력은 뿌린 대로 거두게 한다는 것을 또다시 알게 된 사건이 있었다. 올랜도 매직의 회의실에 앉아있었을 때였다. 그 곳에는 스무 명 남짓 한 매직의 임원진들이 연설가이자 트레이너, 컨설턴트로 명성이 높은 알 루시아Al Lucia의 강의를 듣고 있었다. 강의하는 동안, 그는 프로젝터를 사용해 인용구와 주요항목들을 스크린에 비추었다. 어느 순간, 문장이 스크린에 나타났다.

"사람들이 과감히 목표를 달성했던 멋진 기적들의 비밀을 알려드리겠습니다. 그들에겐 용기가 있었고, 창의력이 있었으며, 꿈을 현실로 만들기 위한 각고의 인내가 있었습니다!"

나는 이 문장을 읽고, '와, 정말 멋있는 말이야! 받아 적어야겠어!'라고 생각했다. 나는 공책을 펴고 재빠르게 휘갈겨 썼다. 그러자 알은 그 문장을 쓴 작가의 이름을 스크린에 띄웠다.

"팻 윌리엄스, 올랜도 매직 부사장이 말하는 〈성공의 마술Go for the Magic〉중에서."

회의실은 웃음바다가 되었다. 모두들 내가 미친 듯이 받아 적고 있는 것을 보았던 것이다! 이 경우를 통해 알 수 있듯, 우리가 어떤 말을 할 때에는, 그 말이 언제 다시 우리에게 돌아올지 아무도 모른다.

세상에 당신이 속삭이듯 내뱉은 말이 폭풍처럼 돌아온다는 것을 기억하라. 언젠가 당신의 말 한 마디가 다시 들려왔을 때, 당신을 기쁘게 할 수 있었으면 좋겠다.

요약: 자기진단

1. 저자는 새로 영입한 NBA 선수인 그랜트 힐과 나눈 짧은 대화가 그에게 깊은 영향을 준 것처럼, 누군가의 말 한 마디가 당신의 인생에 큰 영향을 끼친 적이 있는가? 혹은, 당신의 말이 다른 누군가에게 큰 영향을 끼쳤다고 들은 적이 있는가? 그렇다면, 그 경험으로 무엇을 느꼈는가? 그것이 당신이 살아가는 방식에 어떻게 영향을 주었는가?

2. 저자는 그의 여동생인 루스가 "자라면서 아무도 나한테 예쁘다고 말한 적이 없어"라고 했던 대화를 예를 들었다.

당신의 영향력이 미치는 범위 안에서, 혹시 누군가가 위로를 받기 위해 당신을 찾지만, 당신은 눈치 채지 못했던 경험이 있는가? 단지 그들은 인정받고, 사랑받는다는 것을 느끼고 싶어 하는 것일지 모른다. 기억이 나는가? 그 사람은 당신에게 어떤 칭찬을 듣고 싶어 했을까? 지금 당장 그 사람이 듣고 싶어 하는 말을 해 주기 위해 당신이 할 수 있는 행동은 무엇일까?

3. 저자는 마이크 홈그랜 감독, 기업인 허브 켈러허, 그리고 영부인인 베티 포드가 모두 진실을 말함으로써 대외적인 이미지에 치

명타를 입었으면서도 불구하고, 더욱 강력한 영향력을 보였다고 말했다. 그들의 예를 통해 당신 인생에서 찾을 수 있는 교훈은 무엇인가? 사람들과의 관계에서 진실하다는 것이 쉽게 느껴지는가, 어렵게 느껴지는가? 당신이 진실을 덮고 거짓말을 할 때, 누구를 지키기 위한 것인지 생각해보자. 자기 자신인가? 아니면, 누구인가?

4. 당신은 남의 뒷담화에 관여한 적이 있는가? 그렇다면, 왜인가? 무엇 때문에 뒤에서 험담을 하게 되는가? 험담하는 것이 정당화된 적이 있었는가? 소문으로 인해 당신, 또는 남들이 큰 상처를 받았던 경험이 있거나, 들은 적이 있는가? 있다면, 소문이라는 것에 대해 어떻게 생각하게 되었는가?

제7장.
리더의 조건

"소크라테스에게는 '플라톤'이라는 제자가 있었다. 플라톤에게는 '아리스토텔레스'라는 제자가 있었다. 그리고 아리스토텔레스에게는 '알렉산드로스 대왕'이라는 제자가 있었다."

—톰 모리스, 〈아리스토텔레스가 GM을 경영했다면〉의 저자

진정한 리더십은 '보스'가 되는 것이 아니라, 사람들에게 영향을 주는 사람이 되는 것이다.

리더십 전문가 존 맥스웰John C. Maxwell은, "리더십은 영향력이다. 그 이상도 그 이하도 아니다"라고 말했다.

〈세상에서 가장 강력한 리더십의 원칙The World's Most Powerful Leadership Principle〉에서 제임스 헌터James C. Hunter는 왜 리더십과 영향력이 같은 의미인지 설명했다.

"리더십은 사람들과 상호 이익이 되는 목표를 위해 그들의 마음, 상상력, 역량, 그리고 다른 자원들을 스스로, 그리고 열정적으로 사용하도록 영향을 주는 것이다. 리더십은 사람들이 임무에 전념할 수 있도록 영향을 주는 것이다. 리더십은 그들이 될 수 있는 한 최고가 되도록 영향을 주는 것이다. 따라서 리더십의 동의어는 관리자가 아니다. 리더십과 같은 말은 바로 영향력이다."

이렇듯, 리더들은 영향력을 미치는 사람으로서의 역할을 잘 이해하는 것이 중요하다.

리더들은 "내 행동이 다른 사람에게, 그리고 나의 평판에 어떠한 영향을 미칠 것인가? 나의 행동들이 내 도덕적인 이미지를 향상시킬 것인가 아니면 손상시킬 것인가? 이 행동들이 내 가치관과 일치하는가 아니면 위선을 저지르게 되는가?"를 자문해야 한다. 맥스웰, 블랜차드, 헌터가 말하듯 정말로 리더십이 영향력이라면, 우리의 말과 행동이 가진 영향력을 우리가 충분히 인식하고 있어야 한다는 것은 매우 중요하다.

〈리더십 해법The Leadership Solution〉의 저자 제임스 셰퍼James C. Shaffer는, 리더와 그들이 이끌어가는 조직에 대한 심도 깊은 연구를 했다. 그 결과, 많은 체인점과 호텔의 각 지점과 각 매장마다 어째서 각자 고유의 특징을 갖고 있는지 그 이유를 발견하게 된다.

"전국적으로 규모가 큰 매장들을 갖고 있는 대형마트에 가보면, 그 지점 매니저의 성격이 상점 곳곳에 묻어나 있는 것을 볼 수 있다. 그 지점의 실적은 매니저의 성격과도 밀접한 관련이 있다. 힐튼, 홀리데이 인, 매리어트, 리츠 칼튼 호텔에 묵어 보라. 총 지배인의 취향이 곳곳에 보인다. 그 사람의 성격을 띠는 것이다. 큰 마트나 체인 호텔들은 이 점을 알고 있기 때문에, 지점 매니저와 총 지배인의 육성에 많은 시간과 에너지, 그리고 비용을 투자한다.

리더가 무슨 말을 하는지 안하는지, 무엇을 하고 어떤 행동을 하는지 사람들은 다 보고 있다. 그들의 모습을 지켜보고 있는 것이다. 목소리 톤이 어떤지, 얼굴 표정은 어떤지 살핀다. 오늘 어떤 옷을 입었는지, 누구를 승진시키고 누구를 누락시키는지 세심한 주의를 기울인다. 리더가 말하고 행동하는 모든 것은 검토되고 분석되어진다. 왜냐하면, 그 모든 것들은 그들이 상상했던 것 보다 훨씬 더 중요한 커뮤니케이션의 형태로 받아들여지기 때문이다."

리더십의 7가지 요소

미국 육군의 콜린 파월Colin Luther Powell 소위는, 1962년 케네디 대통령에 의해 베트남으로 파병된 1만6천 명의 군사 고문 중 한 명이었다. 1963년, 헬리콥터 사고로 부상을 당했음에도 불구하고, 불에 타고 있는 헬리콥터에서 동료들을 구하기도 했다. 그는 조지 워싱턴 대학원 MBA 과정을 밟았고, 백악관 펠로십(White House fellowship, 미국의 최고의 리더십 프로그램)을 이수해서 닉슨, 카터, 레이건, 클린턴, 그리고 조지 부시 대통령을 보좌하는 행정관리로서의 임무를 수행했다. 그는 조지 부시 대통령 시절 합참의장으로 걸프전을 성공적으로 수행하면서 대중의 인기를 얻었다. 그는 또한 국무부 장관으로 재직했는데, 미국 정부 역사상 흑인으로서 가장 많은 지지를 받았다.

"리더십은 사람들에게 동기를 부여하는 것이고, 그들을 움직이게 만들며, 그들 능력의 110퍼센트를 끌어내는 것이다"고 파월은 말했다.

다시 말하자면, 리더십은 영향력이라는 것이다. 콜린 파월이 리더십을 보였던 것 중 하나는, 군인들과 함께 시간을 보내는 것이었다. 1993년 여름, 당시 합참의장이었던 파월은, 파병부대와 함께 하기 위해 소말리아로 날아갔다. 그는 날아가는 스무 시간 동안 스물 세 번이나 경유해야 했지만,

"군인들을 만나는 것, 그 자체가 저에게는 가장 중요한 일입니다" 라고 기자들에게 말했다.

파월 장군은 매 경유지마다 구름같이 모여 있는 미군들을 헤쳐 나아가며 악수를 하고 함께 사진을 찍었다. 파월은 어째서 군인들을 만나고 현장에 직접 나가는 것을 중요하게 생각한 것일까? 그는 워

싱턴의 제대 군인 보호시설Old Soldiers Home에 방문했던 때부터 군인으로서의 책임감을 느끼게 되었다고 한다. 당시 파월은 제2차 세계대전, 한국 전쟁과 베트남 전쟁의 참전용사들을 만나기 위해 각 방을 돌아다녔다. 이 용사들은 하나같이 몇 십 년 전에 찍은 빛바랜 사진들을 그에게 자랑스러워하며 보여주었다. 병사들이 부대장과 함께 서 있는 사진들이었다.

파월은, "몇 십 년 전에 부대장들과 사진을 찍은 그 때가 그들 인생 최고의 순간이었을 겁니다"라고 말했다.

파월은 조국을 위해 싸웠던 군인들에게 짧은 시간이나마 이 같은 기쁨의 순간을 경험하도록 해주고 싶었다. 그는 그들 과거의 영광스러운 순간을 다시 한 번 일깨워주고 격려함으로서, 그들의 삶에 긍정적인 영향을 미치고자 한 것이었다.

이렇듯 콜린 파월의 사례에서 드러난 특성들을 분석하고, 지난 세월 여러 구단을 운영했던 내 경험과 경력에서 배워 온 것들을 통해, 리더십은 일곱 가지 요소로 이루어진다는 결론을 얻었다. 나는 그것을 '리더십의 7가지 요소'라고 부른다.

1. 비전

훌륭한 리더에게는 더 밝은 내일을 위한 비전이 있다. 그 비전을 실현하기 위해 팀과 조직에 영향을 줄 방법을 찾는다.

2. 커뮤니케이션 능력

의사소통능력은 영향력을 위한 필수 도구이다. 우리의 비전과 가치관, 믿음에 대해 정직하게 설득하며 소통해 나간다면 이해하고 따르지 않을 사람은 없다.

3. 대인 관계 기술

사람들에게 영향을 미치고 싶다면, 그들에게 용기를 주고, 힘을 주고, 동기를 부여하는 방법을 알아야 한다. 이것은 훈련으로 배우고 발전시켜 영향력을 키울 수 있는 필수적인 기술이다.

4. 인격

훌륭한 인격은 영향력에 있어 매우 중요한 요소이다. 사람들은 당신의 인격을 통해 리더십을 믿을지 말지를 고민하고, 당신을 신뢰해야 당신의 영향력을 믿게 될 것이다.

5. 실력

사람들은 리더로서의 실력을 갖춘 사람들에게 영향을 받고, 또 따르고 싶어 한다. 실력이라는 말에는 경쟁력이라는 말도 포함된다. 당신의 부하나 선수들은 당신이 리더로서 그들에게 경쟁력을 갖게 하고 승리를 거두게 할 수 있음을 확신하고 싶어 한다.

6. 결단력

영향력 있는 리더가 되기 위해서는 단호하게 말하고 결단력 있게 행동해야 한다. 과감함, 용기, 대담함과 결단력은 모두, 훌륭한 리더가 되기 위한 덕목들이다.

7. 봉사 정신

진정한 리더십은 사람들에게 명령하고 지시하는 것이 아니다. 자신을 낮추고 겸손과 봉사의 자세로 다른 사람에게 건전한 영향력을 행사하는 것이다.

몇몇 사람들은 이 '7가지 요소' 중 몇 가지는 뱃속에서부터 갖고 태어난다. 하지만, 일곱 가지를 다 갖고 태어난 사람은 한 번도 본 적이 없다. 이것들은 모두 배울 수 있는 기술들이다. 누구든 훈련으로 얻을 수 있는 특성들이다. 우리는 더 나은 미래를 상상하는 능력을 키울 수 있다. 우리의 커뮤니케이션과 대인관계 기술을 성장시킬 수 있고, 더욱 진실하고 강인한 성품을 가질 수도 있다. 위험과 도전을 받아들이며 자신감과 결단력을 가질 수 있고, 봉사 정신을 갖는 자세와 습관을 들일 수 있는 선택권이 매일같이 주어진다면, 우리의 영향력은 점점 더 커질 것이다.

모든 리더는 사람을 상대한다. 리더십은, 영향력을 이용해서 여러 사람이 힘을 합쳐 중요한 목표를 달성하게 하기 위한 능력, 그 이상도 그 이하도 아니다. 감독은 선수들을 열심히 훈련시키고 독려하며 게임에 이길 수 있도록 영향을 준다. CEO는 회사가 투자수익률, 시장점유율, 주식 가치를 증가시키도록 영향을 준다. 정치 지도자는 유권자들이 그들을 지지하고, 국가 발전을 위한 정책들을 실현하는 데에 동료 정치인들과 힘을 모은다. 군 리더들은 군인들이 단결하여 승리를 쟁취할 수 있도록 영향을 준다.

리더의 영향력을 가늠하고 싶다면, 그 리더의 팀이나 조직의 성과를 보면 알 수 있다. 결과가 뛰어난 만큼, 영향력도 뛰어난 것이다.

신뢰의 리더십

내 인생에서 누릴 수 있는 가장 즐거운 특권 중 하나는, 매년 필라델피아 스포츠 명예의 전당의 취임식 만찬에서 사회를 보는 일이다. 내가 필라델피아를 떠난 지 27년이나 되었지만, 스포츠 커뮤니티는 아직도 나를 기억하고 이런 행사에 나를 초대해 준다. 2011년 11월의 새로운 입회자는, 1974년부터 1980년까지 이글스 소속 미식축구 선수였던 전직 라인배커, 빌 버기Bill Bergey였다.

버기는 1970년대에 이글스가 상승세를 이어갈 때 결정적인 역할을 한 선수였고, 1980년 시즌 후에 제15회 슈퍼볼로부터 훈장을 받았다.

버기의 오랜 감독 딕 버메일Dick Vermeil은 이글스의 전직 런닝백인 월버트 몽고메리Wilbert Montgomery를 대신하여 상을 수여해야 했다. 몽고메리의 갑작스러운 취소로 빌 버기에게 상을 전해줄 사람이 없었던 것이다. 나는 딕 버메일을 옆으로 불러내서 버기에게 시상할 것을 부탁했다.

시간이 되자, 나는 마이크에 대고 딕 버메일을 호명했다. 내가 딕을 소개하는 동안, 옆에서 흐느끼는 소리가 들려왔다. 고개를 돌려 바라보니 딕이 눈물을 펑펑 쏟으며 북받치는 감정에 몸을 떨며 서 있었다. 가만, 그러고 보니 은퇴발표를 했던 2005년에도 딕 버메일이 이렇게 감정적이었던 걸 본적이 있다. 스포츠기자 릭 레일리Rick Reilly는 딕이 주디 갈란드(할리우드의 유명 배우)의 감성을 갖고 있다고 말한 적이 있다. 딕은 아무 말도 하지 않았다. 난 아직 그의 소개도 끝내지 않았는데, 내 옆에는 눈물에 녹아 없어질 것만 같은 딕이 서 있었다.

그는 간신히 마이크를 잡고 떨리는 목소리로 말했다.

"제가 좀 감정적인 건 잘 알고 계시죠. 그리고 빌 버기가 방금 저를 이렇게 울렸습니다."

나는 주위를 둘러보았고, 많은 스포츠 기자와 나이 들어가는 선수들이 전 감독이 울고 있는 것을 보고 있는 것만큼 감격스러운 것이 없다는 걸 알았다. 결국, 딕이 어느 정도 감정을 추스르고 버기에 대해 말할 수 있게 되었다. 최고의 수비수 버기가 어떻게 이글스의 방어를 탄탄히 했고, 그것이 어떻게 팀을 15회 슈퍼볼 진출로 이끄는 데 중요한 역할을 했는지에 대해 이야기했다. 결국, 눈물을 훔치고 흐느끼며, 딕이 마무리 했다. "빌 버기를 정말 사랑합니다."

곧 빌이 마이크 앞에 섰고, 그는 딕 버메일보다 조금 더 절제되어 있었지만, 여전히 그의 감정과 오랫동안 함께 한 감독에 대한 애정을 충분히 엿볼 수 있었다.

버기는 애정을 담아, 이글스와의 경력에 딕이 어떤 영향을 주었는지에 대해 얘기했다.

서로에게 경의를 표하는 멋진 두 남자를 보며, 나는 생각했다. '와, NFL의 감독과 선수가 서로 얼마나 강한 영향력을 주었는지를 눈앞에서 볼 수 있다니!' 그리고 지난세월 동안 딕 버메일은 이러한 영향을 몇 백 명의 선수들에게 주었을 것이다. 그야말로 진정한 리더십의 7가지 요소를 갖춘, 그 중에서도 그는 인격과 봉사 정신이 앞선 사람이었다.

진정한 리더는 자신의 목표와 야망만을 좇지 않는다. 진정한 영향력을 가진 사람은 멘토가 되고, 지도해 주고, 사람들이 자기 스스로 리더가 될 수 있도록 독려하고 동기를 부여해준다.

2011년 12월, 〈월스트리트 저널〉은 전직 아이오와 대학의 미식축구 감독(1979-1998)으로서, 232승 0무 78패의 기록을 갖고 있는 헤이든 프라이Hayden Fry의 프로필을 실었다. 그의 리더십으로 아이오와는 '훌륭한 미식축구 코치를 찍어내는 공장'이 되었다고 저널지는 보도했다. 헤이든의 미식축구 프로그램은 다른 어떤 1부 리그의 대학들의 프로그램 보다 더 많은 감독들과 코치들을 배출해냈다.

현재 80살이 넘은 그는, 네바다 주의 매스퀴트Mesquite에 있는 그의 자택에서 인터뷰에 응했다. 그는, 텍사스 주 오데사Odessa시의 목장 주인이었던 아버지로부터 배운 교훈들이, 그가 코치들에게 영향을 주고 교육시키는 데에 많은 도움이 되었다고 말했다.

헤이든이 어렸을 때, 아버지는 건초를 트럭에 가득 싣고는, 그에게 학교 가기 전에 소들에게 먹이라고 하셨다.

"아빠, 우리 땅은 2천 에이커도 넘는 걸요. 소들을 제가 다 어떻게 찾아 다녀요?"

"나가서 가만히 들어보아라. 방울을 달고 있는 소 한 마리가 있단다. 그 소가 우두머리야. 방울 달린 소를 찾아라. 그러면 모든 소 떼를 찾을 수 있을게다."

헤이든은 코치들을 발굴하고 교육시키는 방법을 이 '방울 달린 소'에 비유한다.

그는 선수 명단을 보고, 누가 코치 실력을 겸비했는지, 선수들이 누구를 많이 따를 지를 파악하고, 그들을 선수와 코치로 나누어 각각 테스트를 해본다. 그 테스트에 합격한 사람들은 헤이든의 보조 코치가 된다. 헤이든이 "선수들이 잘 따를 수 있는 사람들은 나 같은 늙은 감독이 아닌 이런 젊은 친구들입니다"라고 말했듯이, 이 같은 선수-코치 시스템이 아이오와 팀에 잘 통했다.

헤이든은 아이오와의 졸업생들을 조교 자격으로 그의 코치 발굴 프로그램에 다시 데려왔다. 그의 많은 '방울 달린 소'들은 가르치는 것을 너무 좋아해서, 인생의 목표를 바꾸고 코치로 진로를 결정을 했다. 헤이든은 언젠가는 감독이 될 것이라는 꿈을 꾸지 않는 사람들은 절대 조교로 뽑지 않았다. 그리고 헤이든 자신도 말했다.

"나는 이 친구들을 내 아들처럼 생각해서 모두를 따라다니고 지켜봅니다. 그러면 그들의 인생을 변화시켰다는 생각에 아주 기분이 좋아집니다." 진정한 리더다운 말이었다.

바비 존스Bobby Jones는 내가 매니저였을 때, 필라델피아 세븐티식서스를 NBA 챔피언(1982-1983)으로 만든 수훈 선수 중 하나였다. 그는 NBA 경기 전에 종교인은 예배를 드리자는 아이디어를 낸 선수이기도 했다. 바비는 좋은 친구였고, 몇 년간 꾸준히 연락을 지속해 왔다. 몇 년 전, 바비는 나에게 어느 모임에서 레지 화이트와 나눴던 대화에 대해 말해 주었다. 당시 레지는 NFL의 수비수로 멋진 활약을 하고 있었다.(레지 화이트는 그 시대에 가장 뛰어난 그린 베이 패커스의 패스 러셔로, NFL의 '국방부장관'으로 불렸다. 레지는 만성 폐질환으로 2004년에 돌연 사망했다) 바비가 연설을 마치고 나서, 레지가 그에게 다가와 말했다. "바비, 내 인생에 당신의 영향이 매우 컸어요. 고마워요."

"그게 무슨 말인가요?" 바비가 놀라서 물었다.

"제가 중학생이었을 때, 여름 캠프에 간적이 있어요. 그때 하신 말씀이 내 인생을 크게 바꾸어 놓았죠. 캠프에서 일부러 시간을 내서 저와 개인적으로 이야기도 나눴고요. 세븐티식서스의 팬이었던 저는, 당신이 아이들을 아끼는 마음을 그때 직접 보게 되었어요. 그게 제 인생에 큰 영향을 주었습니다."

레지 화이트는 스스로 영향을 주는 리더가 되기로 했다. 내 동료 작가인 짐 데니는 1996년에 테네시 주의 녹스빌에 있는 그의 집에서, 레지와 그의 아내 사라를 인터뷰 하느라 몇날 며칠을 보냈다. 슈퍼볼 우승 시즌 몇 달 전에 치른 인터뷰에서, 레지는 그의 감독과 그로부터 받은 엄청난 경험이 레지의 인생에 어떤 영향을 미쳤는지 자세히 이야기했다.

"훌륭한 감독이란, 당신에 인생에 지속적인 영향을 주는 사람이고, 당신이 사는 동안 항상 생각하게 될 사람입니다."

채터누가Chattanooga의 고등학교 시절 레지의 감독은, 1970년대 초 테네시 대학에서 활약했던 수비수, 로버트 풀리암Robert Pulliam이었다.
"어느 날, 풀리암 감독님이 저에게 꿈이 뭔지 물으셨어요. 저는 장관이 되고 싶다고 했어요. 그는 놀랐죠. 아마 그런 대답을 했던 고등학생이 없었을 거예요. 그러자 감독님이 그러셨어요.
'나는 정말 네가 최고의 수비수가 될 거라고 믿는다.'

'고등학교에서요?'

'아니, 프로 미식축구에서 말이다'라고 하셨어요.

지금까지도, 그가 저의 어떤 점을 보았는지는 모르겠지만, 그 말을 듣고 내가 하는 일에서 최고가 되고 싶다는 생각을 하게 되었지요."

되돌아보면, 레지는 풀리암 감독을 통해 자신의 엄청난 가능성과 자신의 약점을 보았던 것인지 모른다. 풀리암 감독에게 레지는 '착하고 남에게 해를 입히지 않는 덩치만 큰 학생'이었을지 모른다. 만약 그가 레지를 시켜 누군가를 때리라고 했다면, 레지는 그렇게 했을 지도 모른다. 하지만 그대로 둔다면, 그는 누구든 절대로 도발하지 않을 것이다. 풀리암 감독이 항상 이래라 저래라 알려줄 수는 없는 노릇이었다. 그래서 그는 레지를 강하게 만들 묘안을 생각해냈다.

"풀리암 감독님은 경기장과 체육관에서 저를 밀치고 괴롭혔어요. 저는 정말 당황했죠. 감독님이 제가 최고의 수비수가 될 거라고 말한 뒤부터 더 과격해졌거든요. 어느 날은 감독님과 체육관에서 레슬링까지 하게 됐어요. 제가 빠져나오면, 다른 코치가 와서 저를 빠져나가지 못하게 다시 막았죠. 고등학생 한 명에 코치 두 명이 달라붙었어요. 제가 너무 짜증나서 울기라도 하면, 비웃으시면서 저에게 울보라고 놀렸죠.

풀리암 감독님은 제가 2학년이 될 때까지 쭉 같이 하셨어요. 어느 날, 체육관에서 저희들이 코치진과 농구 시합을 하고 있었죠. 감독님은 저에게 계속 파울을 했지만, 저는 계속 참았어요. 한껏 움직여서 골대로 가려고 하면, 감독님은 팔꿈치로 제 가슴을 세게 쳤어요. 실수가 아니라 일부러 그러신 거였어요. 정말이지 너무 아팠어요. 저는 공을 집어 던지고 농구장에서 나가버렸죠. 정말 화가 나서 미칠 지경이었습니다. 제 친구들은 '감독님이 해도 너무한 거 아냐'라고 했고 저는 라커룸으로 가서 펑펑 울었습니다.

잠시 후에, 풀리암 감독님이 라커룸으로 오셨어요. 저는 생각했죠. '드디어 사과하러 오시는군.' 몇 년 후에 알게 된 사실이지만, 그 때 다른 코치들이 풀리암 감독님더러 저에게 사과하라고 했대요. 하지만 감독님은 사과하지 않으셨어요. 오히려 제 멱살을 잡으시고는 '내가 사과할거라고 생각한다면, 다시 나가서 다음 경기에서 이길 준비나 하는 게 좋을 거야. 네가 나한테 덤빌 때까지 계속 네 엉덩이를 걷어찰 테니까'라고 하셨어요. 그때 저는 어찌나 오기가 생기는지 이를 악물고 맞서 싸우기로 했어요."

풀리암 감독이 레지에게 팔꿈치 가격을 한 그날 이후부터, 레지도 감독에게 팔꿈치로 맞받아치기 시작했다. 레슬링을 할 때도, 레지는 이길 때까지 싸웠다. 그가 처음으로 레슬링에서 풀리암 감독을 때려 눕혔을 때, 경기에서 진 감독은 다시 한 판 붙자고 말했다.

레지는 "다른 기회 따위 주지 않을 거예요! 제가 이겼어요"라고 소리쳤다. 하지만 감독이 계속 우기자, 어쩔 수 없이 다시 한 번 시합을 했고, 모든 팀원들 앞에서 감독의 코를 또 한 번 납작하게 해주었다.

"감독님을 이기고 나니 제 자신이 너무 자랑스러웠어요. 몇 년이 지난 후에, 풀리암 감독님에게 전화를 걸었어요.

'감독님이 그 때 저한테 왜 그렇게 엄하셨는지 이제야 알겠어요. 감사해요. 그 때는 감독님이 저를 죽이려는 게 아닌가 생각했는데, 생각해보니 저를 강하게 만들어 주신 거였어요. 정말 잘하셨어요. 감사합니다.

'네가 그런 말을 하다니 재미있구나. 네가 훈련을 시작할 때 팀원 모두의 부모님에게 전화를 걸었지. 자신감과 담력을 키워주기 위해 아이들을 좀 심하게 대해도 되겠냐고 물었었다. 그 때 동의하신 분은 네 어머니뿐이었단다.'

저는 그 말을 듣고 뒤로 넘어갔어요. 그 동안, 풀리암 감독님이 하시는 일에 어머니가 관련되어 있을 줄은 몰랐거든요. 어머니가 감독님에게 그렇게 하도록 허락하신 거였어요. 감독님이 그 말씀을 하셨을 때, 저는 '어머니께 정말 감사해야겠네요!'라고 했어요. 왜냐하면, 그 방법이 아니었다면 제가 지금 NFL에 있지도 못했을 테니까요."

고등학교를 졸업하고, 레지는 풀리암 감독의 모교인 테네시 대학에 진학했다. 그 곳에서 그는 전설적인 감독 조니 매이저스Johnny Majors 밑에서 활약했다. 대학 졸업 후, 레지는 필라델피아 이글스와 계약했다. 그곳에서 냉철하기로 악명 높은 시카고 베어스의 전직 수비수였던 버디 라이언Buddy Ryan감독과 만났다. 레지가 라이언 감독의 첫 미니 캠프에 도착했을 때 매우 긴장했다. 새로운 감독과 잘 지낼 수 있을지 걱정되었던 것이다.

"첫날, 감독님이 저에게 와서 물으셨어요."

'아내는 잘 지내나?'

사라는 우리 첫 아이인 제레미를 임신 중이었죠.

'네, 잘 지냅니다.'

'아이는 언제 태어나지?'

'5월입니다.

'부인이랑 많은 시간을 보내도록 하게. 가족이 가장 중요한 거야. 경기도 물론 중요하지만, 가족이 우선이지.'

그가 그렇게 말해줘서 기뻤어요. 진심을 느꼈거든요."

이글스의 훈련 캠프는 레지와 팀원들에게는 지옥 같았다. 8월의 찌는 더위와 습도가 강도 높은 훈련과 더해져, 많은 선수들이 탈수 증세, 땀띠, 체력적인 문제로 모두들 녹초가 되었다. 레지는 버디 라이언의 가차 없는 훈련 방식에 불만을 품은 고액 연봉의 선수들이 헬멧을 집어던지고 팀에서 나가는 것을 지켜보았다. 레지는 그 때, 고통의 사막에서 달콤한 오아시스를 보았다.

"그때 감독님이 저에게 오셔서 말씀하셨어요. 충격적인 말이었죠. '레지, 내가 본 선수들 중 자네가 가장 뛰어난 수비수라는 사실을 알았으면 하네. 내가 여태껏 보지 못했던 것들을 자네가 해내고 있어.' 최고의 칭찬이었어요. 지금도 라이언 감독님이 제 의욕을 불러일으키시려고 하신 건지 아니면 그냥 해본 말인지는 모르겠지만, 저는 그 칭찬에 부합하기 위해 더 많은 노력을 했어요. 지금까지 함께 했던 감독님들 중에서 라이언 감독님을 위해 가장 최선을 다했어요. 그 해에, 여덟 번의 태클을 성공시켰죠. 저는 엄한 감독님들을 존경하는데, 라이언 감독님은 정말 엄한 분이셨어요. 힘들긴 했지만 정말 공정한 분이셨죠."

레지 화이트의 이야기를 통해 얻을 수 있는 교훈은, 리더는 냉철하고, 경쟁적이고, 승리에 집착하기도 하지만, 그들의 선수들과 후배들에게 영향을 주며 아껴준다는 사실이다. 엄격함과 영향력은 상호보완적인 관계이다. 사실, 엄격함은 아래 사람이 그들의 잠재력을 십분 발휘하기 위해 필요로 하는 영향력이라 할 수 있다.

리더십은 꼭 최고가 되기 위해 공들이는 노력이 아니다. 사람들에게 끼칠 영향력을 의미한다. 영향력을 가진 리더들은 조직 전체의 성공만이 아닌, 개개인의 장점들을 들여 본다.

영향력을 통한 리더십 키우기

뛰어난 리더가 되는 효과적인 방법을 몇 가지 소개하고자 한다. 이 방법들은 경기장에서부터 전쟁터, 회의실, 교실에 이르는, 어떤 리더십의 현장에서든 즉각 실천에 옮길 수 있는 것들이다.

1. 리더로서 자신감, 긍정, 용기, 인내 그리고 노력의 표본이 되어라.

당신을 따르는 사람들은 영감을 얻고 심리적 안정을 얻기 위해 당신을 바라본다. 당신이 머뭇거리거나 비관하는 모습을 보인다면, 그들은 긴장하고 불안해할 것이다. 당신이 무사태평하다면, 그들도 게으름을 피울 것이다. 하지만 당신이 열정을 갖고 세상을 정복할 준비가 되어있다면, 그들의 사기와 의욕은 솟아오를 것이다.

윌리엄 코헨William A. Cohen박사는 1973년 10월, 4차 중동전쟁 당시 이스라엘에 파병을 나갔던, 군인 출신이다(미 공군 예비역 소장). 그는 리더십협회Institute of Leader Arts의 회장이기도 하다. 그는 그리스 군을 이끌고 페르시아를 침략했던 고대 그리스의 장군이자, 사상가인 크세노폰Xenophon의 이야기를 들려준다. 어느 날, 크세노폰은 장군들에게 다음과 같은 리더십의 지침을 내렸다.

1) 리더들은 본보기가 된다. 당신이 낙담하면, 당신의 병사들은 겁쟁이가 될 것이다. 당신이 적을 만날 준비가 되어있고, 병사들에게 각자의 임무를 부여한다면, 그들이 당신을 따르게 된다는 것을 알 수 있을 것이다.

2) 리더는 그가 이끄는 사람들보다 더 용감해야 하고, 앞장서서 많은 노력을 해야 한다.

3) 리더는 통제력과 자제력을 발휘해야 한다. 그래야만 필

요한 일을 해낼 수 있다.

　4) 리더는 항상 승리로 이끌 긍정적인 전략을 가지고 병사들을 훈련시켜야 한다. 그렇지 않으면 병사들은 불안한 마음을 갖는다.

　코헨박사는 크세노폰이 그의 병사들을 위해 모범을 보인 일화도 들려주었다. 크세노폰이 무거운 갑옷을 입고 군대행렬의 선두에서 말을 타고 있었다. 뒤에 있던 한 보병이 장군들은 말을 타는데 자기는 무거운 방패를 들고 걷고 있다며 불평을 했다. 크세노폰은 말에서 뛰어 내려 불평하는 보병의 방패를 뺏어 들고, 그를 행렬 밖으로 밀쳐버렸다. 그리고 크세노폰은 계속해서 행렬을 이끌었다. 말을 타지 않고 걸어서 말이다. 그는 무거운 갑옷을 입고, 아까 그 보병의 무거운 방패까지 들고 걸었다. 짐이 두 배로 늘었지만, 그는 속도를 잃지 않았고 오히려 군대가 그를 따라오도록 힘을 북돋아 주었다.

　작가이자 퓨쳐리스트 이안 모리슨Ian Morrison은, 리더는 그 조직의 CEO가 되어야 한다고 말한다. 즉 '최고 모범 경영자Chief Example Officer'를 말한다. 그의 말에 따르면,

　"부하들은 의욕, 영감, 행동력을 얻기를 원한다. 그들에게 믿음이 있다면 성과를 낼 것이다. 하지만 무엇이 그들을 믿게 만드는가? 점점 더, 직원들은 리더의 행동에 주의를 기울인다. 최고의 기업들에서는, 리더들이 말보다는 행동과 실천으로 직원들에게 자극을 준다."

2. 작은 일에도 진실함을 보여라.

영향력을 위해서는 언행일치가 필요하다. 세상에 완벽한 사람은 없지만, 우리는 진실되고 일관되게 우리 가치관을 반영하며 살도록 노력해야 한다. 우리의 아이들, 동료들, 부하들은 우리를 지켜보고 우리의 행동을 따라한다. 그들은 우리가 사소한 일에도 법과 규범을 위반하는지 알고 있고, 우리 행동을 그대로 본떠 그들의 성격과 행동을 만들어낸다.

e메일이 등장하기 전에, 한 아들이 아버지에게 편지를 썼다.

"아빠, 이 편지는 공짜예요. 우체국이 아빠가 전에 보내신 편지에 붙어있던 우표에 검인도장이 찍히지 않은 덕에 우표를 다시 쓸 수 있거든요."

그 다음 주에, 그는 아버지로부터 회신을 받았다. 편지를 열자, 아들은 편지 위에 붙어 있는 새 우표에 크고 새까만 X자가 그려져 있는 것을 보았다. 그 밑에 아버지가 글을 남겼다.

"아들아, 네가 미국 정부에 진 빚을 이제 갚았단다. 사랑한다, 아빠가."

우리 모두가 귀를 기울여야 할 중요한 교훈이 아닐 수 없다. 작은 일에 일관성을 유지하면, 큰일은 저절로 알아서 해결될 것이다. 토니 시몬스Tony Simons는 〈진실의 상금The Integrity Dividend〉이라는 책에서 이렇게 말했다.

"당신의 부하는 당신이 보이는 일관성을 모방할 것이고, 그것이 그들의 부하에게 적용될 것이며, 그들이 당신을 대할 때에도 똑같이 적용될 것이다."

〈윤리경영의 힘In the Power of Ethical Management〉에서 켄 블랜차드Ken Blanchard와 노먼 빈센트 필Norman Vincent Peale은, '윤리 체크The Ethics Check'라고 자칭한 윤리적 의사결정에 필요한 세 가지 퀴즈를 소개한다.

> 퀴즈 1: "합법적인가?" 이 결정이 사회의 법규, 조직의 규정, 개인적인 원칙과 가치관에 부합하는 것인가?
>
> 퀴즈 2: "공정한가?" 이 결정이 승자와 패자를 만들어낼 것인가, 아니면 모두에게 공정하고 합당한가?
>
> 퀴즈 3: "나 자신에 대해 어떤 감정을 느끼게 될까?" 내 결정이 모두에게 알려진다면, 떳떳할 것인가, 아니면 부끄러울 것인가? 내 가족이 알게 된다면?

우리가 중요한 결정을 내릴 때 이 간단한 세 가지 퀴즈를 통해 한 번 더 숙고할 수 있다면, 우리의 개인적인 도덕, 리더십에 대한 평판, 그리고 우리의 영향력을 지켜나갈 수 있을 것이다.

3. 직원들에게 영향을 주되 '관리'하지 마라.

미드웨스턴 상점의 창업가 프레드릭 메이저Frederik G. H. Meijer는, 원스톱 쇼핑 할인 업계의 리더였다.

2011년 12월, 그랜드 래피드Grand Rapids에서 91세의 나이로 별세했을 당시, 메이저의 기업은 다섯 개의 주에 200개 점포를 소유한, 수익 면에서 미국에서 15위 안에 드는 큰 민간 기업이었다. 메이저가 그의 리더십과 철학에 대해 이렇게 설명한 적이 있다.

"당신은 변화를 주도하고 당면한 문제들, 긴급 사항들을 관리해 나가야 한다. 하지만 절대 사람을 관리해서는 안된다. 당신은 그들이 발전하도록 돕고, 필요하다면 그들의 멘토가 되어주어야 한다."

메이저의 관점은 그의 사업을 성공으로 이끌었을 뿐만 아니라, 그를 추종하는 많은 직원들을 얻었다. 그의 사망 당시 〈뉴욕타임스〉에 실렸던 기사는 그에 대한 모든 것을 시사한다.

"그의 홈페이지에 많은 직원들이 메이저 씨가 그들에게 어떤 관심을 보여주었는지 잘 적어놓은 것을 보았다. 그는 매장 일반 직원인 프랭크 씨에게 폴란드어를 조금씩 가르치며, 프랭크 씨의 할머니가 손자를 자랑스러워하실 수 있도록 도와주었다.

그랜드 래피드의 상점에서 근무했던 도로시가 보청장치와 호환되는 특별한 전화기를 필요로 했을 때, 메이저 씨는 필요한 장치를 기꺼이 마련해 주었다."

여기서 알 수 있듯이, 프레드릭 메이저는 '보스' 이상의 존재였다. 그는 영향력 있는 리더였고, 모든 직원들에게 관심을 기울임으로써, 깊고 긍정적인 영향을 주었다.

1968년, 필라델피아 세븐티식서스가 월트 체임벌린Wilt Chamberlain을 LA 레이커스로 트레이드 했을 때, 존 우든 감독은 월트 체임벌린과 함께 LA의 한 기자회견에 참석했다. 스포츠기자는 체임벌린에게, "빌 밴 브레다 콜프Bill van Breda Kolff 감독이 당신을 잘 다룰 수 있을 거라 생각하세요?"라는 질문을 던졌다.

"저를 다루는 사람은 아무도 없습니다. 저는 물건이 아니라 사람입니다. 물건을 다룬다고 하는 겁니다. 사람들과는 협동한다고 하죠. 저는 누구와도 협동할 수 있을 거라 생각합니다."

체임벌린의 재치 있는 대답은 우든 감독에게 강한 인상을 남겼다. 이 기자회견은 우든 감독이 〈실용적인 현대 농구Practical Modern Basketball〉라는 책을 발간한 직후였다.

"제 책에 '선수들을 다루는 법'이라고 제목을 붙인 부분이 있었는데, 이 회견이 있고 나서, 집에 와서 내 책을 들고는. '선수들을 다루는 법'이라는 글씨를 지워버리고 '선수들과 협동하는 법'이라고 고쳤습니다. 그리고 출판사에 증판 시 이렇게 수정해서 출간해달라고 요청했어요."

4. 간접적인 행동을 리더십의 도구로 사용해라.

사기를 높이고 싶은가? 부하들의 충성도와 자신감을 키우고 싶은가? 강력한 방법으로 부하들에게 용기를 주고 싶은가? 그렇다면 간접적인 행동을 고려해 볼 수도 있다.

간접적인 접근법은, 직접적인 전달방식 대신 우회적인 채널을 통해 메시지를 전달함으로써 사람들에게 영향을 주는 일련의 과정이다.

서른여섯 살 때 USS 벤폴드Benfold호를 맡아, 태평양함대에서 최연소 사령관이 되었던 마이클 애브라소프Michael Abrashoff의 이야기는 간접적인 행동 리더십의 아주 좋은 예이다.

그의 지휘 하에, 벤폴드 호는 함대의 가장 나약하고 비효율적인 군함에서, 가장 전투태세를 잘 갖춘 군함이 되었다. 현재 해군에서 은퇴한 애브라쇼프는 리더십 관련 강의를 하며, 작가로도 활동하고 있다.

마이클 애브라쇼프는 벤폴드 호의 함장이 되자마자, 그 곳 대원들의 사기가 바닥이었다는 것을 알게 되었다. 그는 사기양양을 위해 '간접적인 접근법'이라는 계획을 세웠다. 그의 선원들이 좋은 인성, 목표의식의 발전을 보일 때마다 그들에게 직접 칭찬하는 대신, 그들의 부모님에게 아들들을 칭찬하는 편지를 썼다. 어느 날, 한 병사의 부모님 이혼소식을 듣고, 애브라쇼프 선장은 그의 부모에게 편지를 썼다. 얼마 후, 그 병사가 눈물을 흘리며 함장을 찾아왔다. 그 병사는 감정에 북받쳐 말도 제대로 하지 못했다.

"무슨 일인가?"

"방금 아버지에게 전화를 받았습니다. 평생 동안, 아버지는 제가 실패작이라고 하셨습니다. 하지만 함장님의 편지를 읽고, 저에게 축하해주고 싶고, 제가 얼마나 자랑스러운지 모른다고 하셨어요. 아버지가 저를 격려해 주신 것은 난생 처음 있는 일입니다. 함장님, 어떻게 감사의 말씀을 드려야 할 지 모르겠습니다."

그 말에 애브라쇼프 함장도 눈물이 날 정도로 감격했다.

이것은 병사들의 사기와 성과가 높아진 계기가 된 많은 이야기들 중 하나이고, 결국 UUS 벤폴드 호는 함대에서 가장 전투태세를 잘 갖춘 병사들에게 주어지는 스포케인 트로피Spokane Trophy를 수상했다. 애브라쇼프 함장은 병사들 본인이 아닌 가족을 통해 칭찬하는 간접적인 방법을 통해 최고의 결과를 만들어 낸 것이다.

앞으로 당신의 리더십을 통해 멋진 일들을 해내고 싶다면, 간접적인 접근법을 고려해 보라. 본인들이 없는 곳에서 그들에 대한 긍정적인 말을 해줌으로써, 더욱 강력한 동기가 부여될 것이다.

5. 부하들의 문제를 해결해 주지 마라

당신이 리더로서 해야 할 일은 사람들이 자기 문제를 스스로 해결할 수 있도록 돕는 것이다. 즉, 그들을 위해 문제를 대신 해결해주려는 유혹을 뿌리쳐야 한다는 것이다. 당신은 그들과 대화하고, 질문하고, 다른 대안들을 찾아보며 영향을 줄 수 있고, 또 그래야만 한다. 하지만 가능하다면 그들 자신이 해결책을 찾도록 놓아두어라. 해결책을 직접 던져주는 것은 금물이다.

내가 스파탄버그 필리스의 단장으로 지냈던 20대에, 내가 여태껏 겪어보지 못한 문제들과 계속해서 마주했었다. 나는 리틀존 씨에게 내 문제들을 들고 찾아가서 어떻게 해야 할지 물었다. 하지만 그는 해결책에 대해 입도 뻥긋하지 않으셨다. 오히려 내가 문제를 들고 찾아갈 때마다 그는 기뻐하는 것 같이 보였다. 그는 내가 딜레마와 씨름하는 것을 보는 것을 진심으로 즐겼다. 내 고통을 보고 희열을 느꼈다는 것이 아니다. 그보다, 영향력 있는 리더로서, 내가 개인적으로 그리고 전문적으로 성장하고 성숙해가는 것에 관심을 가진 것이다.

"문제들에서 도망치지 마라."

"문제들은 사람들에게 너를 내보일 수 있는 아주 좋은 기회를 준단다. 좋은 상황에서는 누구든 잘 해낼 수 있다. 하지만 힘들 때, 네가 문제를 해결할 능력이 있다는 것을 증명해 보이면 사람들에게 정말 큰 인상을 남길 수 있을 거야." 항상 그가 얘기했다.

당신의 상사가 당신의 문제에 너무 의욕적이면 정말이지 짜증이 난다! 생각해보면, 리틀존 씨는 자기의 행동이 어떤 결과를 가져올 것인지 알고 있는 사람이었다. 자기 문제를 스스로 해결하는 것이 나에게 도움이 된다고 믿었던 것이다.

내가 시카고 불스 팀에 있을 때, 또 한 명의 다른 영향력 있는 리더와 비슷한 경험이 있다. 나는 목사인 워렌 위어스비Warren Wiersbe 박사님과 점심을 나누면서, 내가 겪고 있는 몇 가지 문제에 대해 말씀을 드린 적이 있었다. 나는 박사님이 해결책을 주시기를, 아니, 최소한 위로라도 해주길 바랐지만, 위어스비 박사님은 리틀존 씨와 마찬가지로 엉뚱한 반응을 보이셨다.

"팻, 자네가 겪고 있는 고통을 낭비하지 말게. 인생은 항상 문제로 가득해. 그러니 그 문제들을 잘 활용해서 배움을 얻게나."

지금 내 나이에도 당면해야 할 문제들이 있고 배울 점 또한 많다. 내가 20대였을 때보다, 문제들을 겪는 것을 지금 훨씬 더 싫어하지만, 나의 리더와 멘토들이 나 자신으로 하여금 문제를 해결할 수 있도록 영향을 주었을 때, 내 인생에서 가장 큰 성장을 했다는 것을 나는 잘 알고 있다.

6. 이야기를 들어주어라

영향력 있는 리더들은 사람들의 말을 잘 듣는다. 그들은 말을 내뱉기 전에 우선 경청한다. 그들은 간단히 "네", "아니요"로 대답할 수 없는 개방형 질문을 던진다. 보이는 사실만이 아닌, 내면의 감정을 들어준다. 그들은 부하들이 감정을 표현하고 심지어는 화를 누그러뜨리도록(무례하지 않은 선에서) 해준다. 그들은 부하들의 의견과 감정을 끌어내는 데에 일부러 시간을 쓰기도 한다.

척 댈리Chuck Daly는 NBA역사상 가장 뛰어난 감독 중 한 명이었다. 그와 나는 필라델피아 세븐티식서스와 올랜도 매직에서 함께 일했었다. 그가 줄리어스 어빙Julius Erving이 소속되어있던 세븐티식서스의 감독이었을 때 배웠던 교훈에 대해 말해준 적이 있다. 줄리어스는 척에게 다가와 물었다. "우리 선수들이 각자 어디에서 슛을 쏘는 것을 좋아하는지 아시나요?" 이런 질문을 한 이유는, 많은 감독들과 마찬가지로 척은 선수들의 취향을 고려하지 않고 경기를 짜는 경향이 있었기 때문이다. 줄리어스도 자기만의 슛 쏘는 지점이 있었고, 다른 선수들도 슛을 가장 잘 성공할 수 있는 나름대로의 지점이 있었다.

척은, "줄리어스가 지적해 준 이후로, 선수들이 슛을 잘 던질 수 있는 곳이 어디인지 파악했고, 그것을 참고하여 경기 방식을 조정했습니다"라고 말했다.

야구 매니저인 스파키 앤더슨Sparky Anderson도 그의 책 〈전설의 감독 스파키They Call Me Sparky〉에서 비슷한 주장을 밝혔다.

"현명한 매니저나 선생님, 그 외에 어떤 보스가 되었든, 그가 이끄는 사람들로부터 많은 것을 배울 것이다. 그 사람들도 마찬가지로 그로부터 많은 것을 배울 것이기 때문이다."

영향력 있는 리더들은 쌍방통행의 영향력을 이해한다. 우리는 듣고, 배운다. 부하들의 말을 마지못해 듣거나 혹은 그들의 말에 경청하는 능력이 떨어지는 것은 성공적인 리더로서 치명적인 약점이다. 몇몇 리더들은 자기가 알지 못하는 것을 부하들이 알고 있는 것, 또는 자기에게 없는 기술을 부하들이 갖고 있다는 사실을 인정하기 싫어한다. 하지만 영향력 있는 리더들은 여러 면에서 자신들보다 더 많은 지식을 가진 사람들을 옆에 두길 원한다. 그렇기 때문에 유능한 인재를 고용하는 것이다. 리더로서, 우리가 갖지 못한 기술이나 지식을 소유한 사람들을 채용하려는 노력을 해야 한다.

그리고 그들이 하려는 말에 귀를 기울여야 한다.

7. 겸손하라

영향력의 리더들은 겸손한 태도를 유지한다. 그들은 자신의 자아가 너무 커져버리면, 영향력은 사라져버린다는 사실을 잘 알고 있다.

〈이코노믹스〉는 캘리포니아 새들백교회California's Saddleback Church의 목사인 릭 워렌Rick Warren을 "미국에서 가장 영향력 있고 복음이 충만한 목사"라고 칭했다. 그는 이 시대 최고의 베스트셀러인 〈목적이 이끄는 삶The Purpose Driven Life〉을 집필했고, 리더로서의 그의 목표는 '글로벌 골리앗-영적 공허함, 이기적 리더십, 가난, 전염병, 문맹'과 싸우는 것이라고 말했다. 당연한 얘기겠지만, 이기적인 리더십은, 개인의 권력에 대한 야망이기 때문에 영향력 있는 리더십의 반대되는 개념이다. 영향력 있는 리더십은 사람들에게 힘을 실어준다. 이것이 릭 워렌이 권력보다 영향력에, 야망보다 겸손에 중점을

둔 이유이다. 2005년 그는 〈뉴스위크〉와의 인터뷰에서 이런 말을
했다.

"어느 날 성경 구절을 읽다가, 시편 72장에서 솔로몬이 영향력을
갈구하며 기도한 부분을 보게 되었죠. 그는 신에게 자기를 거듭나
게 해달라고 했어요. 자기에게 축복과 권력을 달라고 했죠. 그가 그
렇게 말한 이유를 모른 채 듣는다면 세상에서 가장 이기적인 기도
처럼 들릴 거예요. 하지만 사실은 왕으로서 약한 사람을 보호하고,
가난하고 불구이며 보잘 것 없는 사람들을 보호해주기 위해서였지
요. 그래서 깨달았죠. 영향력의 목적은 영향력을 갖지 못한 사람을
위해 대신 나서주기 위해서라는 것을요. 그것은 제 인생의 전환점
이 되었습니다."

영국 성공회교회의 복음전도자인 존 스토트John R. W. Stott는 〈현대
사회 문제와 그리스도인의 책임Issues Facing Christians Today〉이라는 그
의 책에서 비슷한 관점을 보이고 있다.

"종교의 지도자로서 해야 할 일은, 힘이 아닌 사랑을, 무력이 아닌
본보기를, 강압이 아닌 합리적인 설득을 해야 하는 것이다. 리더들
은 권력을 갖고 있지만, 그 권력은 겸손한 마음으로 봉사하는 사람
의 손 안에서만 안전할 수 있다."

이렇듯 겸손한 리더들은, 사람들을 자신보다 '낮다'고 평가하지
않기 때문에 모두를 공정하게 대한다.

영국의 다이애나 비의 비극적인 죽음이 지난 몇 년 후, 개인적으

로 인연이 있던 그라함 레이시Graham Lacey라는 영국의 친구와 저녁 식사를 하고 있었다.

나는 그에게 "다이애나 왕비가 지금 우리와 함께 식사를 하고 있다면 그녀가 무슨 말을 하고 어떤 행동을 하셨을까?"라고 물었다. 그러자 레이지가 대답했다.

"한 가지는 확실하지. 자네의 열아홉 명의 자녀들에게 큰 관심을 보이셨을 거야. 당장이라도 자네 집으로 가서 아이들을 만나고 싶어 하셨을 거라네. 아무렇지 않게 바닥에 앉아서 아이들과 놀아 줄 거야. 그리고 영국 본가에 가셔서, 자네 아이들에게 크리스마스카드를 직접 손으로 적어 보내셨겠지."

레이시의 말은 그녀를 만나는 모든 사람들을 사로잡았던 품위 있고 영향력 있는 리더인 다이애나 비에 대한 많은 것을 시사했다. 그녀는 '왕족'이라는 이유로 대중들의 사랑을 받았던 것이 아니다. 한 사람으로서의 따뜻함과 우아함, 그리고 몸에 배어있는 겸손 때문이었다. 이것이 우리 모두가 영향력 있는 리더로서 배우고 키워가야 할 덕목이다.

폴란드 남쪽, 나치 죽음의 수용소로 악명 높은 아우슈비츠Auschwitz 에는 아주 잔인하고 무시무시한 규칙이 있었다. 한 죄수가 탈출하면, 그를 대신해 죽어야 할 다른 열 명이 선택 된다는 것이었다.

1941년 7월 말, 탈출한 한 명의 죄수로 인해 이 끔찍한 규칙이 적용되었다. 교도관은 죄수들을 운동장에 모으고, 모두가 공포에 떠는 아우슈비츠의 '굶주림의 방', 18번 감방에서 고통스럽게 서서히 굶어 죽어갈 열 명의 사람을 무작위로 뽑았다.

선택된 사람 중, 폴란드 군병장인 프란시스 가조우니젝Francis Gajowniczek은, 교도관에게 굶주림의 방으로 끌려가는 동안 울며 부르짖었다.

"사랑하는 내 아내와 내 아이들! 다신 볼 수 없겠구나!"

바로 그 때, 다른 죄수가 앞으로 나서며 말했다.

"그 사람 대신 내가 가겠소."

그는 죄수번호 16670을 단 천주교 신부, 막시밀리안 콜베 Maksymilian Kolbe였다.

1941년 2월, 폴란드 유대인을 숨겨주었다는 이유로 체포된 콜베 신부는, 5월에 아우슈비츠로 이송되었다. 그는 종종 음식을 먹지 않고 자기 몫을 다른 죄수들이 먹도록 나눠주었던, 헌신적인 리더였다. 그리고 지금 가조우니젝 병장과 그의 목숨을 맞바꾸기를 제안한 것이다. 교도소장이 그 제안을 승낙했고, 콜베 신부는 가조우니젝 병장을 대신해서 18번 감방으로 보내졌다.

그 후로 일주일 동안 하루도 거르지 않고, 교도관들이 굶주림의 방에 들어가서 죽은 이들의 시체를 치웠다. 그리고 그 시체들은 화장터로 버려졌다. 보통 죄수들이 18번 감방으로 보내질 때는, 교도관들에게 저주의 말을 퍼붓기 일쑤였다. 하지만 콜베를 따르는 이 그룹은 달랐다. 오히려, 방으로 들어온 교도관은, 콜베 신부와 동료 죄수들이 기도하거나 찬송을 부르고 있는 모습을 보게 되었다. 죽어가는 죄수가 헛소리를 하기 시작하거나 혼수상태에 빠질 때마다, 콜베 신부는 그와 함께 기도하고 마지막 의식을 치러주었다. 한 명씩, 18번 감방의 죄수들이 죽었고, 그들의 시체가 치워졌다.

굶기 시작한 지 2주가 지났을 때, 4명의 죄수가 생존해 있었지만, 콜베 신부만 의식을 잃지 않고 있었다. 8월 14일, 교도관이 의사와 굶주림의 방으로 들어왔다. 의사는 죄수들에게 독극물 주사를 놓기 시작했다. 콜베 신부차례가 되었을 때, 비운의 신부는 의사에게 그의 팔을 내주었다. 의사가 주사를 놓는 동안 그는 큰 소리로 마지막 기도를 올렸다.

막시밀리안 콜베 신부가 죽는 모습을 본 교도관들은 놀라움을 금치 못했다. 그 중 한 사람은 너무 감동을 받아, 콜베 신부의 죽음에 관해 기록했다. 콜베 신부는 영향력 있는 리더로 살았고, 그리고 죽었다. 그의 마지막까지도, 그는 남을 섬기고, 격려하였으며, 사람들이 따를 만한 본보기를 보였다. 그것이 영향력 있는 리더로서의 훌륭한 삶이었다.

요약: 자기진단

1. 이 장을 읽기 전에, 당신 스스로를 리더라고 여기고 있는가? 리더십은 영향력과 같다는 말이 리더에 대한 자신의 관점을 바꾸었는가?

인생의 어떤 부분에서 리더십을 발휘하거나 영향력 있는 역할을 하고 있는가? 가정에서, 직장에서, 지역 사회에서? 아니면 다른 곳에서? 당신이 이끌고 영향을 주고 있는 사람들은 누구인가? 당신의 리더십과 영향력을 잘 발휘했던 최근의 예를 자세히 들여다 보자.

2. 저자는 리더십의 7가지 요소를 나열해 놓았다: 비전, 의사소통 능력, 대인 관계 기술, 인격, 실력, 결단력, 봉사 정신이 그것이다. 이 일곱 가지 중에서 당신의 강점이라 할 수 있는 것들은 어떤 것들이 있는가? 어떤 것이 약점인가?

당신이 갖고 있는 리더십 강점 중에서, 어떤 것이 선천적이고, 어떤 것이 습득된 기술인가? 리더십의 어떤 부분을 더 강력하게 개발하고 싶은가?

3. 아이들, 부하 직원들, 팀 선수들에게 강한 리더십을 심어줄 수 있는 방법에는 어떤 것들이 있는가?

4. 저자는 레지 화이트와 그의 고등학교 감독, 로버트 폴리암의 이야기를 들려준다. 폴리암 감독은 레지를 가차 없이 괴롭혔다. 그에게 영향을 주려 했던 폴리암 감독의 방식에 동의하는가, 동의하지 않는가? 이 방법이 모두에게 통용될 것인가?

몇 년 후, 레지 화이트는 폴리암 감독이 레지를 심하게 다루어도 좋다는 어머니의 허락을 받았다는 사실을 알게 되었다. 만약 당신이 레지의 어머니였다면, 폴리암 감독의 제안에 동의했을까?

5. 저자는 '간접적인 행동'을 영향력과 리더십의 도구로 사용하는 것을 제안했다. 상사가 당신에게 간접적인 접근법을 사용했던 적이 있는가? 그렇다면 결과는 어땠었는가?

당신이 리더십을 발휘할 때, 간접적인 접근법을 이용했던 경험이 있는가? 그래서 원하는 결과를 얻었는가?

6. 당신의 아이들이나 부하가 그들의 문제를 당신에게 가져온다면, 그 문제를 해결해주는 편인가, 아니면 방법을 찾도록 그들을 격려해주는 편인가? 당신은 저자의 조언에 동의하는가?

제8장.
부모의 자격

집안에서 부모가 아이에게 하는 말은 속삭임의 회랑(사원(寺院)이나 궁전건축에서 주요부분을 둘러싼 지붕이 있는 긴 복도-역주)과 같아서, 몇 년 후, 앞으로 다가 올 시간의 복도를 타고, 그 말이 또렷하게 들려 올 것이다.

　　　　　　　　　　—존 커밍John Cumming, 〈예언학Prophetic Studies, 1854〉

　얼마 전, 나와 내 아내 루스는 갓 세 살 된 손자 안토니를 돌보며 주방에서 담소를 나누고 있었다. 이 조그만 녀석은 작은 흔들의자에 앉아 있었다. 차에서 가져올 것이 있어 주방을 지나 현관으로 가고 있는데 뒤에서 목소리가 들려왔다.

　"할아버지, 어디 가세요?"

　고개를 돌려 돌아보니 나의 작은 분신, 안토니가 똘똘한 눈으로 나를 바라보며 서 있었다.

"할아버지 차에 간단다, 안토니."

"저도 같이 가도 돼요?"

"그럼, 안토니, 그렇고말고."

아이가 내 뒤를 졸졸 쫓아왔다. 차에서 필요한 것을 챙기고는 차문을 잠그는 순간 또다시 내 뒤에서 안토니의 목소리가 들려왔다.

"할아버지, 매일 할아버지를 따라다녀도 돼요?"

"물론이지, 안토니."

"어디든지요?"

"그래. 내가 어디에 가든 따라오거라."

이 말을 내 뱉으면서, 나는 가슴에서부터 따뜻하고 벅찬 감동이 밀려왔다. 어디에서부터 나오는 것인지는 알 수 없었지만, 미래의 꿈나무들에게 영향력을 전하고 있다는 기쁨과 책임감을 깨닫게 될 때 일어나는 강한 느낌인 것만은 확실했다.

당신이 부모이건, 할아버지 할머니이건, 당신을 바라보며 "따라가도 돼요? 계속 따라다녀도 돼요? 어디든지요?"라고 물어올 아이들이 있다는 사실을 새삼 느끼게 된다면 정신이 번쩍 들 것이다. 노벨상 수상자인 제임스 볼드윈James Baldwin은 이렇게 말한다.

"아이들은 수수께끼 같은 존재가 아닙니다. 아이들은 어른들이 하는 말을 고분고분 듣는 것에는 서툴지만, 그들을 모방하는 것에 있어서는 그야말로 달인이지요."

나의 아내는 루이지애나와 미시시피의 남쪽에서 자랐다. 그녀는 전형적인 남쪽 여인이었고, 장모님은 일찍이 그녀에게 '너의 최고의 모습을 보이지 못할 거라면, 집을 한 발짝도 나서지 마라'라고 교육시켰다. 루스는 평생 동안 어머니의 조언을 가슴에 품고 살았다. 그녀는 예쁘게 차려입고 곱게 화장하고, 머리를 매만지지 않으면, 아무 데도 가지 않는다. 하물며 토요일 오전에 집 근처에 있는 스타벅스에 갈 때도 옷을 대충 입지 않는다. 홈드레스나 트레이닝복을 입고 상점에 가는 일은 그녀에게는 있을 수 없는 일일 것이다.

나는 이러한 루스의 버릇을 결혼식을 올리고 얼마 지나지 않아 알게 되었다. 우리는 함께 마라톤을 시작했고 3번의 보스턴 마라톤을 포함해 총 12번의 마라톤에 참석했다. 마라톤 코스는 매우 힘들었지만, 매사추세츠 마을과 동네를 지날 때 보이는 경치는 매우 아름다웠다. 하트브레이크 힐, 비컨 거리를 지나 보일스턴 가에서 마지막 코너를 돌아 결승점에 들어서며 맛보는 완주의 기쁨은 세상 그 무엇과도 바꿀 수 없었다.

하지만 그 마지막 코너를 돌자마자, 루스는 멈춰 서서, 허리춤에 찬 가방에서 립스틱과 빗을 꺼내들곤 했다. 그녀는 머리를 매만지고, 화장을 하며 우리가 결승선에 들어갔을 때 완벽한 모습으로 보이기 위한 준비를 했다. 결승점을 지날 때, 어김없이 사진기자들이 줄을 지어 우리의 움직임 하나하나를 찍기 위해 셔터를 눌러댔다. 아마도 루스는 풀 메이크업을 하고 마라톤을 달린 역사상 유일한 여자일 것이다.

그녀는 왜 그런 행동을 하는 것일까? 바로 어머니의 영향 때문이다. 그녀의 마음속에서는 항상 '너의 최고의 모습을 보이지 못할 거라면, 집을 한 발짝도 나서지 마라'라는 어머니의 목소리가 들렸을 것이다. 부모의 영향은 평생 지속된다. 부모로서, 우리는 아이들에게 올바른 방향으로 영향을 미치도록 최선을 다해야 한다.

건전한 영향력을 가진 부모들

스무 살이 되면 우리의 아들딸들은 집을 떠난다. 그들은 대학에 가거나 직업을 찾고, 군대에 가며, 그들의 가정을 꾸리기도 한다. 한때, 나는 한 번에 열여섯 명의 아이들을 돌본 적이 있다(생각할 때마다 몸서리 쳐지는 기억이긴 하다). 그래서 부모 양육에 대한 주제로 이야기할 때, 내가 생각해도 조금 권위적인 부분이 있는 것 같다.

내가 말하는 "영향력 있는 부모가 되어라"라는 말이 무슨 의미일까? 확실한 것은, 나에게 있어 '부모'라는 말은 '생물학적 조상'을 말하는 것이 아니라는 것이다.

나는 분만실에서 우리 윌리엄스 가의 네 아이가 이 세상으로 나오는 것을 가장 먼저 맞이했다. 의사가 탯줄을 자를 때 마다 한 명씩 내 손으로 안고 입을 맞추고 축복하며 이름을 붙여주었다. 그리고 윌리엄스 가가 열 네 명의 아이를 입양할 때도, 어김없이 공항 터미널에 가 있었다.

나는 한국, 필리핀, 루마니아, 그리고 브라질에서 날아온 거대한 점보기가 착륙하는 것을 지켜보았고, 비행기가 도착할 때마다 우리 가족은 점점 늘어갔다.

아이들은 나와 유전이 아닌, 사랑으로 연결되어 있었다. 키운 정은 낳은 정보다 끈끈하고 훨씬 더 중요하다. 내가 정의하는 '부모'란, 아이를 사랑하고 키우기 위한 정신적인, 그리고 정서적인 능력이 있는 사람들이다. 그래서 '부모'는 낳아준 부모일 수도, 입양한 부모일 수도, 조부모일 수도, 혹은 대부모일 수도 있다. 직접 낳은 자식이 있든 없든 간에, 당신은 그 아이의 인생에 부모 책임이라 할 수 있는 사랑과 양육이란 영향력을 가질 수 있다.

몇 년 전, 마이클 조던에 관해 쓴 내 책의 홍보 차 보스턴에 갔을 때였다. 그 날 아침, 그 지역 TV 토크쇼와 인터뷰를 하고, 저녁에는 마이클 조던이 있던 워싱턴 위저드Washington Wizards와 보스턴 셀틱스Boston Celtics팀의 경기를 보기 위해 플릿 센터Fleet Center로 갔다. 경기가 시작되기 전 조던과 이야기를 나누고 싶은 마음에 그의 라커룸에 찾아갔다.

"오늘 아침 텔레비전 토크쇼에 나오시던데요. 그 책에 저의 모든 이야기를 쓰셨더군요."

"조던! 자네 이야기로 인해서 전국에서 극찬하는 기사를 받고 있어. 사람들이 '마이클 조던을 만나면 우리 아이에게 좋은 영향을 주셔서 감사하다고 전해주세요'라고 말하더군."

"모든 것은 저희 부모님 덕분이에요. 아버지 제임스와 어머니 델로리스에게, 그리고 두 분이 저에게 가르쳐주신 모든 것들에 큰 빚을 졌어요."

이것은 아이들에게 헌신하는 부모들에게 보낼 수 있는 최고의 찬사이다. 부모로서, 우리는 말과 행동으로 아이들 인생의 기초를 쌓아준다. 하지만 우리 아이들이 앞으로 어떻게 자라게 될지가 온전히 부모 손에만 달려있다는 뜻은 아니다. 그들은 친구, 학교, 방송, 그리고 그들을 둘러싼 문화로부터도 영향을 받기 때문이다. 많은 젊은이들이 부모의 노력에도 불구하고 삐뚤어지는 경우도 있지만, 그것을 전적으로 부모의 잘못으로 돌리기에는 무리가 있다. 하지만 일반적으로, 건전한 영향력을 가진 부모들은 정서적으로, 그리고 정신적으로 건강한 아이들을 만들어 낸다.

나는 남편으로서, 아버지로서, 종교인으로서 매우 큰 결점이 있다는 것을 인정한다. 열아홉 명의 내 아이들 모두 각자의 결점을 갖고 있다는 것도 말이다. 이 거대한 윌리엄스 가족이라는 지붕 아래서 말도 많고 탈도 많았다. 하지만 아이들이 함께 자라면서, 어떤 어려운 상황이 닥치든, 우리는 항상 사랑, 믿음, 그리고 책임감으로 똘똘 뭉쳤다. 다양한 사람들이 한데 모여사는, 마치 미합중국을 연상시키는 우리 가족이 성공했다고 나는 믿고 싶다. 그리고 그 성공은 우리가 좋은 영향을 주어야 한다는 부모의 역할에 책임감을 느꼈기 때문에 가능했을 것이다(물론 많은 한계와 실수를 느꼈지만).

여기 내가 열아홉 명의 영혼들을 어린 시절부터 청소년기, 청년기로 인도하며 많은 시행착오를 통해 터득해 온 귀중한 지혜들을 소개하고자 한다.

칭찬

"제 아버지가 돌아가시기 한 달 전에, 저에게 정말 자랑스럽다는 말을 하셨어요."

은퇴한 NBA 스타 빌 러셀Bill Russell이 말했다.

"그것은 제가 생각지도 못했던 가장 큰 칭찬이었어요. 아버지는 저의 영웅이셨거든요. 저는 저의 아버지가 자랑스러웠습니다."

"네가 자랑스럽다"라고 말해주는 것만큼 아이들을 축복하고 칭찬해주는 방법은 그리 많지 않을 것이다. 그들이 성공하든 실패하든, 그들을 자랑스럽게 여겨야한다. 그들이 성공하면, 그들이 해내리라는 것을 이미 알고 있었다고 말해주고 실패하더라도, 그들이 훌훌 털고 일어나서 다시 멋진 일을 해내게 될 것이라고 독려해주자. 항상 그들을 믿는다고 말해주어야 한다. 그들의 멋진 미래를 예언하고, 당신이 아이들을 인정하며 무조건적으로 사랑한다는 것을 온몸으로 느끼게 해야 한다.

아동심리학자 마이클 톰슨Michael Thompson과 댄 킨들런Dan Kindlon이 라울의 이야기를 들려준다.

어느 날 라울은, 여섯 살 아들과 스키장에 갔다. 아들은 넘어지고 다시 일어서고, 또 넘어지고, 스키를 배우느라 애를 먹고 있었다. 라울은 아들이 몇 번이고 눈 바닥에 얼굴을 파묻으며 넘어지는 것을 보면서 그를 격려하고 응원해 주었다.

숙소로 돌아갈 시간이 되었을 때, 라울은 아들에게 스키장에서 무엇이 가장 재미있었냐고 물었다.

"제가 스키 타는 걸 지켜보는 아빠를 보는 거요!"라고 라울은 대답했다.

톰슨과 킨들런은 "아들에게 진정으로 중요했던 것은 자신이 얼마나 스키를 잘 타느냐 하는 것이 아니라, 아빠가 자기를 지켜보며 어떻게 생각할까 하는 사실이었어요. 아이들의 공통적인 심리죠. 아이들이 자신의 실력에 대한 판단을 내릴 때, 아버지가 그들을 어떻게 평가하고 있는가가 큰 비중을 차지합니다."

"나는 네가 정말 자랑스럽다! 나는 너를 믿어! 난 항상 네 편이란다!" 이런 말들은 칭찬에 목말라 있는 아이들에게 지대한 영향을 미친다.

시간 투자

짐 브로지나는 뉴저지 주의 밀빌Millville시의 도서관 사서였다. 그의
아내는 딸, 크리스틴이 열 살 된 해에 집을 나가버렸다. 설상가상으
로, 같은 시기에 크리스틴의 큰 언니는 대학 진학으로 집을 떠나게
되었다. 짐은 크리스틴이 엄마와 언니를 갑자기 떠나보내게 된 상
실감을 극복하도록 하기 위해 애를 써야 했고, 그 시간은 짐에게도
매우 힘든 시기였다. 크리스틴을 염려했던 그는 '독서 마라톤'이라
는 방법을 생각해냈다.

짐은 딸에게 백일동안 하루도 빠지지 않고 함께 책을 읽자는 목표
를 제안했다. 크리스틴과 어린 시절부터 함께 책을 읽긴 했었지만,
매일 지키지는 못했었다. 짐은 '독서 마라톤'의 규칙을 세웠다. 그들
은 매일 밤, 적어도 책의 한 단원을 읽어야 하고, 늦지 않게 자정 전
에 끝내지 못하면 읽지 않은 것으로 치기로 했다.

크리스틴은 동의했고, 프랭크 바움L. Frank Baum의 〈오즈의 마법사〉
를 시작으로 매일 밤 책을 읽기 시작했다. 그렇게 백일이 지났지만,
그들은 '독서 마라톤'을 계속 하기로 했다. 2백일이 지났고, 그들은
멈추지 않았다. 3백일이 지나고, 4백일이 지나도 계속 되었다.

크리스틴이 고등학생이 되어서도 여전히 아빠와 매일 밤 책을 읽었다. '독서 마라톤'은 여전히 활발히 진행되었다. 어느덧 그들은 셰익스피어의 〈리어왕King Lear〉을 읽고 있었다.

크리스틴이 학교 친구들과 파티라도 가게 되면, 아빠와 책을 읽을 수 있도록 집에 데려다 달라고 친구들에게 부탁했다. (크리스틴은 운전을 할 줄 몰랐다) '독서 마라톤'은 프롬(미국 고등학교의 졸업 무도회-역주)이 있던 날에도 계속되었다.

"나가기 전에, 머리를 올려 묶고 예쁜 드레스를 입었어요. 그리고 침대로 기어들어와 아빠 옆으로 갔고, 아빠는 책을 읽어주셨어요" 라며 크리스틴은 그 때를 떠올렸다.

크리스틴이 대학에 가기 전까지도 '독서 마라톤'은 계속되었다. 짐 브로지나는 크리스틴을 럿거스Rutgers대학 캠퍼스에 데려다 주었고, 크리스틴은 짐을 챙겨 기숙사로 옮겼다. 그러고 나서, 아빠와 딸은 기숙사의 계단에 앉아 '독서 마라톤'을 끝내기 전, 마지막으로 함께 책을 읽었다. '독서 마라톤'을 시작하게 해준 책, 〈오즈의 마법사〉였다.

"정말 힘든 일이었어요. 우리 둘 다, 책을 읽으며 감정에 북받쳐서 눈물을 글썽거렸죠."

'독서 마라톤'을 계속 해왔던 것이 힘들었던 것일까? 짐은 고개를 저었다. 가장 힘들었던 것은 그것을 끝내야한다는 것이었다. '독서 마라톤'은 3,218일, 무려 9년 동안 계속되었기 때문이다. 크리스틴이 회상했다.

"아빠는 몇 년 동안 하루도 '독서 마라톤'을 거르지 않으셨어요. 그렇게 까지 하실 필요는 없으셨죠. 생각해보면, 다 저를 위해 그러셨던 거예요."

당연하게도, 크리스틴은 영문학과 학위를 받고 졸업했고, 아버지가 그녀와 함께 매일 밤 읽었던 이야기를 책으로 쓰기 시작했다. 그 책의 이름은 〈독서 마라톤: 아이에게 줄 수 있는 가장 큰 선물The Reading Promise: My Father and the Books We Shared〉이다. 꼭 읽어보기 바란다. 크리스틴 브로지나라는 이름을 찾지 말기를. 그녀는 앨리스 오즈마Alice Ozma라는 새 이름을 가졌다. 왜 크리스틴이 앨리스라고 이름을 바꾸게 되었는지 궁금하다면, 부디 책을 읽어보길 바란다(나에게 스포일러를 기대하지 마라!).

아이들은 '사랑'이라는 단어를 어떻게 쓸까?

바로 '시간'이라고 쓴다. 아이들에게는 의식적으로 책임감을 갖고 그들에게 시간과 관심을 쏟아야 한다. 당신이 바쁠수록, 아이들과 보내는 시간을 더욱 철저하게 지켜야 한다.

오래 전, 빌 브라이트Bill Bright박사와 그의 조직인 대학생 선교회 Campus Crusade for Christ는 본사를 캘리포니아에서 올랜도로 옮겨야 했다. 브라이트 박사와 그의 아내 보네트는 우리를 집으로 저녁 초대를 했다. 대화를 나누다가, 빌이 우리 아이들에 대해 물었다(그 당시, 우리 집에는 열여덟 명의 아이들이 있었다).

"어떻게 그렇게 할 수 있죠? 그게 어떻게 가능한가요?"

나는 곧바로 우리가 집 안에서의 원칙, 규칙들, 그리고 그것들을 위반했을 때 주는 벌칙에 대해 이야기하기 시작했다. 빌이 유심히 듣다가 침착하고 조심스러운 말투로 말했다.

"사랑을 주는 것을 잊지 말아요."

알맞은 조언이었다. 잘 맞춰진 기계처럼 작동하는 우리 가족의 시스템을 지켜나가려 하다 보면, 가족에서 가장 중요한 것이 무엇인지 잊어버리기 십상이다. 원칙과 규칙도 중요하지만, 사랑이야말로 모든 것을 연결해 주는 접착제이기 때문이다.

사랑과 더불어 가족은 함께 있을 때 즐겁다.

어느 날 저녁식사를 하며 아이들에게 침을 튀기며 일장 연설을 하고 있을 때, 루마니아에서 입양해 온 두 딸 중 한 명인 카티가 손을 번쩍 들고 말했다.

"아빠! 아빠! 우리에게 그저 평범한 아빠가 되어줄 순 없나요?"

우리는 카티를 다섯 살에 입양했고, 그 때는 카티가 여덟 살 때였다.

"카티, '평범한 아빠'라는 게 뭘 말하는 거니?"

"아이들과 즐겁게 놀아주는 평범한 아빠요."

아뿔싸! 내가 아이들에게 엄격했었나보다. 원칙과 규율을 강요하기만 하고 아이들과 보낸 시간이 언제인지 정말 까마득하게 느껴졌다.

그 후로 나는 '평범한 아빠', 재미있는 아빠가 되기 위해 더욱 노력했다. 우리 가족에게 필요한 '즐거움'의 중요성을 더욱 깨닫게 된 것이다.

우리는 우리 아이들과 서로를 배워가는 시간, 관계와 신뢰를 쌓는 시간을 보내야 한다. 하지만 그 중에서도 아이들과 '즐거운' 시간을 보내는 것은 정말 중요하다. 왜냐하면, 우리가 함께 하는 배움, 친밀감과 신뢰감은 즐거움의 범주 안에서 가능한 것이기 때문이다.

마이클 톰슨 박사는 그의 여섯 살 난 아들 윌과 버몬트주에 있는 그린 산맥Green Mountains of Vermont에 자동차 여행을 간 적이 있다. 도로에는 바람이 세차게 불었고, 엄청난 비가 차창을 후려칠 만큼 거친 폭풍우가 몰아쳤다. 그들의 차가 달리는 동안 여기저기에서 번개와 천둥이 쳤다. 백미러로 보니 놀라서 눈이 동그래진 윌이 뒷좌석에 착 달라붙어 있었다. 폭풍은 거셌지만 오래가지는 않았다. 성난 날씨가 곧 수그러들었다. 톰슨 박사는 윌이 무서운 감정을 표현하도록 돕고 싶었다.

'무섭지 않았지, 그렇지?'라고 물어보려다 괜히 그 질문이 윌이 자기감정을 부인하게 만들지도 모른다는 생각에

"조금 무서웠지, 윌?"이라는 질문으로 대신했다.

"아뇨, 아빠, 정말 무서웠어요."

이런 특별한 순간들은 부모들이 아이와 시간을 함께 보내고, 여행을 가고, 무언가를 같이 하고, 감정을 이끌어 내고, 그들의 이야기를 들어줄 때에만 일어난다. 아이들에 대한 영향력은, 우리가 투자한 시간에 비례한다.

아이들의 이야기를 들어주는 것은 매우 중요하고 한편으로는 간과되어 왔던 관계형성의 시금석이다. 속으로는 아이들이 입을 다물어 주기를 바라면서, 아이들 말을 들어주는 척 하는 것은 어렵지 않은 일이다.

우리는, "그렇구나… 정말?… 멋진 걸"이라고 말한다. 하지만 아이들은 언제부터인가 자기들이 무시당하는지 알고 있다. 어른들이 잘 듣지 않고 건성건성 대답하고 있다는 것을 느끼면 아이들은 의기소침해지고, 이런 순간들이 반복되면 더 이상 그들의 마음을 돌릴 수 없게 된다. 잠시라도 시간을 내어 아이들과 같이 있을 때, 관심도 함께 주자. 우리가 아이들 인생에 영향을 줄 수 있는 바로 지금, 눈을 맞추고, 들어주고, 소소한 순간들을 함께 즐기자.

지속적인 훈련

빈센트 멈포드Vincent Mumford 박사는 미시건 시 마운트 플래전트 Mount Pleasant에 있는 센트럴 미시건 대학교Central Michigan University의

체육과 부교수이다. 나는 멈포드 박사가 센트럴 플로리다 대학에 재직했을 때 그를 알게 되었다. 언젠가 그는, 그의 어머니의 독특한 훈육방식에 대한 이야기를 들려준 적이 있었다.

"저희 어머니 같은 분은 또 없을 겁니다. 저는 대학 농구 대표 팀의 주장이자 선발 가드였어요. 어느 날 밤 어머니가 설거지를 하라고 시키셨어요. 저는 너무 피곤해서 조금 후에 하겠다고 했죠. 하지만, 너무 피곤했던지 그만 약속을 지키지 못하고 잠이 들어버렸지요. 다음 날, 어머니는 제 행동에 대가를 치러야 한다고 하시며, 이제 농구는 꿈도 꾸지 말라며 으름장을 놓으셨습니다. 너무 부끄러웠죠! 저는 학교에 가서 감독님에게 상황을 설명 드려야 했습니다. 급기야 감독님이 저희 집으로 오셔서 어머니를 설득하려고 애써 보셨지만, 어머니는 꿈쩍도 하지 않으셨죠. 그 일로 저는 경기도 뛰지 못하고 동료들에게는 웃음거리가 되어야 했습니다. 하지만, 한 경기를 쉬고 난 후에 어머니는 다시 농구를 할 수 있도록 해주셨어요. 이 일로 정말 중요한 교훈을 얻었습니다. 농구와 어머니, 그리고 약속 모두 다 중요하다는 것 말이에요."

한 번 뱉은 말은 지켜야 한다는 것, 지킬 수 있는 것만 말해야한다는 것을 아이들이 꼭 알도록 해야 한다. 아이들이 규칙을 어겼을 때 벌을 주겠다고 약속했다면, 그 말을 지켜야 한다. 말을 잘 들으면 디즈니랜드에 데려가겠다고 말했다면, 그 약속 또한 지켜져야 한다. 우리가 일관성이 있고 예측가능하고 신뢰할 수 있는 합리적인 사람들이라는 것을 아이들이 알게 되면, 그들은 안정감과 애정을 느끼고, 어느 선을 넘으면 안 되는지 정확히 깨닫게 된다.

우리 가족이 북적북적 대며 함께 살았을 때, 집안에 몇 가지 중요한 규칙들이 있었다. 나는 그 규칙들을 자주 시험해보았고, 아이들을 제대로 가르치기 위해 많은 노력을 했다. 아이들의 행동을 바로잡을 때, 화내지 않고 침착하게, 마음을 가다듬고 이야기하는 것이 매우 중요하다.

목소리가 커지기 시작하고 당신 아이가 무례한 태도를 보인다면 '가르침의 시간'이 왔다고 생각하라. 대화를 잠시 멈추고 아이에게 말하라.

"너의 말을 들어주고 싶지만, 네가 무례하게 대하도록 놔둘 수는 없구나. 네가 방금 말한 걸 다시 한 번 예의 바르게 말해 볼 수 있겠니?"

이 방법은 아이들이 자신의 행동을 수정할 수 있는 기회를 주고, 아이들은 같은 생각과 느낌을 더 나은 방법으로 표현할 수 있다는 것을 배우게 된다. 불쾌해하거나 상처받지 않고 자신과 다른 의견을 수용할 수 있는 것을 습득하는 것은, 아이의 인격 형성에 매우 중요한 단계이다.

당신이 화가 나서 말이나 행동을 제어할 수 없을 지경이라면, '타임아웃'을 사용할 수 있다. 아이들을 방으로 돌려보내고, 산책을 하든지, 명상을 하든지 해서, 다음 행동을 어떻게 할 지 생각할 시간을 갖자. 화가 나면, 상황을 통제하는 힘을 잃게 된다. 아이들이 종종 일부러 부모의 화를 돋우는 이유도 이 때문이다. 침착하고 이성적인 행동을 보임으로서 당신이 상황을 통제하고 있다는 것을 보여주어야 한다.

나는 이것을 교통경찰에 비유하고 싶다. 경찰관이 속도위반으로 당신의 차를 세웠을 때, 그가 화를 내고 당신에게 소리를 지르던가? 당연히 아니다. 교통경찰은 하나 같이 예의 바르다. 당신에게 존댓말을 하며, 조용하지만 단호하게 말한다. 당신에게 몇 백 달러짜리 벌금 딱지를 끊어주고 나서도, 그들은 정중하게 "좋은 하루 되십시오"라고 말한다. 어째서 경찰관들은 항상 쿨하고 침착한 것일까? 그 이유는, 그들이 침착하게 행동하도록 훈련 받았기 때문이다.

당신이 아이들의 행동을 '정지'시켜야 한다면, 교통경찰의 행동을 배워라. 목소리를 낮추고, 감정을 자제하라. 아이들이 통제가 되지 않는 상황이더라도, 당신이 상황을 잘 지휘하고 있다는 것을 보여주어라.

몇 년 전, 나는 10대 아들의 자유를 빼앗아가며 훈련을 시킨 적이 있었다. 부자 관계에 있어 매우 힘든 일이었지만, 우리는 현명하게 극복해냈다. 아들이 시간을 갖고 그가 했던 일들을 반성하며 혼자 힘으로 결론을 내리게 도와주었다. 아들이 책상에 앉아 나에게 손으로 편지를 써서, 내 자리에 남겨두었다.

"아빠!
말썽 부려서 죄송해요. 다시는 그러지 않을게요.
아빠가 화나신 이유를 알아요. 용서해 주세요.
인생이 어떤 것인지 제가 이해할 수 있도록 아빠가 도와주고
계신다는 걸 알아요. 고마워요. 아빠."

사랑을 담아, 아들이

정확히 말하자면, 나는 화가 난 것이 아니라, 실망을 했던 것이다. 이 글을 읽고 나서, 우리는 서로의 마음을 털어 놓고 이해했다. 마음을 담아 이런 손 편지를 쓴다면, 자녀들을 설득하는 좋은 해결책을 찾을 수도 있을 것이다. 이후로도 우리는 싸우고 화해하기를 반복했지만, 우리는 지금 그 어떤 때보다 돈독한 부자관계를 유지하고 있다.

봉사의 시간

아이들이 다른 사람을 공경할 수 있는 기회를 많이 만들어 주어야 한다. 그들의 인격형성에 틀림없이 많은 도움이 될 것이다. 손에

서 아이패드와 게임기를 내려놓고 '진짜' 세상을 향해 뛰쳐나가도록 용기를 주어야 한다. 집 창문을 깨끗이 닦아 놓거나, 동네 어르신들을 위해 잡초를 뽑아 드리는 것을 권해 보자. 돈을 위해서가 아니라 자신의 변화를 위해서 할 수 있는 멋진 일들이다. 해외파병 군인들에게 위문편지를 쓰게 해 보는 건 어떨까. 구조대나 노숙자 보호기관에서 급식을 하거나, 사랑의 보금자리 단체에서 집 짓는 것을 도와주는 봉사활동을 권해보는 것도 좋겠다. 아이들이 사람들을 도우는 기쁨을 발견할 수 있도록 도와주자. 칭찬이나 대가를 바라서가 아닌, 사람들을 돕는 기쁨만을 위해서 말이다.

만약 소심하고 우유부단한 아이를 두었다면, 아이와 함께 나가서 시간을 보내는 것도 좋은 방법일 것이다.

물론, 아이들을 일깨워주기 위한 교육과 동기부여를 시키기 위한 노력들이 과연 가치가 있는 것일지 회의감이 들 때도 있을 것이다.

하지만 계속 사랑해주고 그들의 인생에 투자해준다면, 후에 당신이 현명하게 투자했다는 것을 분명히 보게 될 날이 올 것이다. 당신이 그들의 인생을 바꾸었고, 그로 인해 세상을 바꾸게 됐다는 사실을 알게 될 것이다.

2005년에 〈아이들을 리더로 키우는 법Coaching Your Kids to be Leaders〉이라는 책을 출간한 후, 톰 월쉬라는 독자로부터 이메일 한 통을 받았다.

"이 책을 써 주셔서 감사합니다! 두 살과 네 살짜리 두 아들의 아빠로서(뱃속에 세 번째 아이도 있답니다), 당신 책을 읽고 정신적으로, 정서적으로 건강한 아이들로 키우는 법에 대해 많은 것을 배웠어요. 특히 실천하는 데에 큰 도움이 되었습니다."

그리고 톰은, 어느 토요일 아침에 아이들을 데리고 노인들을 방문하기 위해 근처에 있는 요양원에 들렀던 이야기를 들려주었다. 요양원의 방문 절차를 잘 알지 못했던 톰은, 안내 데스크로 가서 직원에게 누군가를 방문하러 왔다고 말했다.

"만나실 분 성함이 어떻게 되시죠?"

"아무나요. 누구든 친구가 필요한 분을 만나러 왔습니다."

직원의 도움으로 톰과 두 아들들은 건물 안을 돌아다니며 노인들의 말동무가 되어주었다. 톰과 아들들은 한 휴게실로 들어갔다. 노인들이 커피를 마시고 도넛을 먹고 있었다. 톰의 네 살짜리 아들 조지가, 사람들에게 다가가서 손을 뻗으며 말했다.

"안녕하세요! 저는 조지예요! 만나서 반가워요!"

그 곳의 노인들은 톰과 두 아들에게 마음을 빼앗겼고, 두 아들은 처음으로 다른 사람을 돕는 소중한 경험을 할 수 있었다. 톰은 "하루라도 빨리 아이들이 봉사의 기쁨을 느끼게 해 주어야 한다는 걸 깨달았어요. 아이들은 사회성을 키우고 낯가림을 극복할 수 있는 법도 자연스레 배우게 되니 일석이조였죠. 그런 번뜩이는 영감을 주셔서 정말 고맙습니다!"라는 말로 글을 맺었다.

톰의 이야기를 듣고 정말 감격스러웠다. 당신도 당신의 아이들과 할 수 있는 활동들에 대한 영감을 받게 되기를 바란다. 아이들에게 강력하고 인생을 변화시킬만한 영향을 주면서, 동시에 다른 사람에게도 긍정적인 영향을 줄 수 있는 좋은 방법이 아닌가!

인성 교육

아이들에게 좋은 인성을 심어 주기 위해서는, 우리의 말과 행동이 일치해야 한다. 수지 플로리Susy Flory는 〈현재의 상황이여, 이젠 안녕So Long Status Quo〉등의 여러 권의 책을 공동집필해왔고, 〈인터치In Touch〉, 〈프래이즈 앤 커피Praise & Coffee〉, 〈투데이스 크리스챤 우먼 Today's Christian Woman〉 등과 같은 월간지에 글을 써 왔다. 나는 그녀를 이토록 진실하고 훌륭한 사람으로 만든 롤 모델이 누구인지 물어보았다.

"저희 아버지요. 아버지는 인생의 모든 면에서 진실한 분이셨어요. 매주 일요일 밤이면 아버지는 침실 위층에 있던 큰 책상에 앉으셔서 청구서를 계산하고 예산을 세우는 버릇이 있으셨어요. 계산을 하는 동안 항상 파이프 담배를 피우셨죠. 알싸한 담배 냄새가 날 때마다, 저는 아버지가 어디에 계신지 단번에 알 수 있었어요.

어느 일요일 밤, 그 냄새를 따라 아버지에게로 갔는데, 아버지가 우리 교회 앞으로 3천 달러짜리 수표를 쓰시는 걸 보았어요. 저는 놀라서 '세상에! 이렇게 큰돈을!' 이라고 외쳤죠. 아버지가 설명하셨어요.

'애야, 작년에는 여유롭지 못해서 십일조를 내지 못했었는데, 그걸 이제야 메우고 있는 중이란다.'

우리는 중산층의 평범한 가족이었고, 아무리 봐도 부유해 보이지 않아서, 십일조를 내지 않았다 해도 아무도 몰랐을 거예요. 하지만 아버지는 십일조의 책임을 다해야 한다며 거르지 않고 수입의 10퍼센트를 내셨죠. 큰 감명을 받았어요."

데이비드 컷클리프David Cutcliffe는 현직 듀크 대학 블루 데빌Blue Devils의 감독이다. 데이비드는 그의 아버지가 그와 그의 형제들에게 어떤 방법으로 인성 교육을 시키셨는지 들려주었다.

"아버지는 제가 열다섯 살 때 돌아가셨어요. 아버지는 열심히 일하셨지만, 저희는 풍족한 편은 아니었어요. 부모님과 아이들 여섯 명이 화장실 한 개 딸린 집에 살았으니까요. 아버지는 일요일 오후에 가끔 저희를 데리고 공원에 가셨죠.

어느 날 우리는 1952년형 쉐보레(우리는 이 차가 리무진인 줄 알았다)를 타고 공원에 갔어요. 신이 난 우리는, 차에서 뛰쳐나가 지칠 때까지 뛰어 놀았어요. 공원에 있던 사람들이 우리를 보고는 아마 '아이고, 이런. 말썽꾸러기 가족들이 또 왔군'이라고 생각했을지도 몰라요. 하지만 어쨌든 우리는 공원에서 정신없이 뛰어 놀았어요. 해질녘 무렵, 공원에서 하루를 다 보내고 나면, 아버지는 손가락을 입에 넣고 호루라기소리를 내셨어요. 아이들이 모두 차로 모이자, 아버지는 공원에 있는 딱딱한 테이블 위에 우리 모두를 앉게 하고 말씀하셨어요. '주위를 보렴. 뭐가 보이니?' 라고 물으셨어요. 우리는 주위를 둘러보았지만, 정확히 무엇을 말하는지 알 수 없었어요.

'여기 쓰레기들이 보이지? 떠나기 전에 이 쓰레기를 전부 치우자꾸나.' 아버지가 말씀 하셨어요. 당연히 아이들은 볼멘소리를 했죠. '아빠, 우리가 버린 쓰레기가 아닌걸요.'

그러나 아버지는 아랑곳 하지 않고 공원의 모든 쓰레기를 주우라고 하셨어요. 모두 모아 쓰레기통에 담으라고 하셨죠. 쓰레기가 너무 많아서, 큰 쓰레기통을 몇 개나 채웠습니다. 그러고 나서 아버지가 우리를 다시 공원 테이블에 앉게 하고는 말했어요.

'주위를 보렴.' 우리는 모두 주위를 보았고, 비록 어렸지만, 그 어둑어둑한 와중에도 공원이 얼마나 예뻐 보였는지 몰라요. 그 때 아버지가 다시 말하셨죠.

'한 가지 기억해 주길 바란다. 어디를 가든, 무엇을 하든, 명심해야 한다. 우리 가족은 정리정돈을 하고 자리를 떠난다는 걸 말이다.'"

데이비드 컷클리프는 살아오는 동안 이 교훈을 잊지 않았다.

또 다른 예로, 나는 어느 아이의 아버지가 열 살짜리 아들에게 어떤 인성 교육을 해 주었는지 들은 적이 있다. 아버지는 아들을 데리고 동네 끝으로 가서 모퉁이에 있는 집의 잔디밭을 보여주었다. 모퉁이의 풀은 뭉개져있었고, 군데군데 짓눌려있었다.

"잔디들이 얼마나 짓밟혀있는지 보이지?"

아들이 고개를 끄덕였다.

"사람들이 인도로 걷지 않고 잔디밭을 가로질러 다니기 때문이란다. 이 지름길로 다니는 사람들은 어떤 사람들일까? 분명 게으른 사람들 일거야. 몇 발자국 덜 걷기 위해 잔디밭으로 걷는 사람들은 게으른 습관을 가진 사람들 일거고, 사는 내내 그 버릇이 따라다니겠지. 진실과 책임감을 갖기보다는 편법을 잘 쓰는 사람들 일거야. 그런 편법으로 좋지 않은 평판을 만들며 살겠지. 아들아, 사람들이 너를 믿어주기를 바란다면, 네 자신에게 말하렴. '편법을 쓰지 않겠다. 일을 대충하지 않겠다. 한층 더 노력하겠다'고 말이야.

앞으로 사는 동안 그 결심을 지킨다면 사람들도 알게 될 거다. 선생님, 코치, 상사들이 네가 뭔가 특별하다는 걸 말이다. 좋은 인성을 갖게 되면, 결국은 편법을 쓰는 사람들보다 살아가는 데에 있어서 훨씬 유리하게 될 거란다."

이 교훈은 그 어린 아이의 뇌리에 깊이 박혀있었다. 그가 잔디밭 모퉁이의 짓밟힌 잔디들을 볼 때마다 그의 인성을 유지할 수 있게 해준 그 교훈을 떠올린다. 어느 날 친구가 말했다,

"내가 열 두 살 쯤 되었을 때, 아버지가 어느 책에서 보았던 이야기에 대해 말씀해 주셨어. 그 내용은 회사에 면접을 보러 온 지원자 모두에게 준 테스트에 대한 거였어. 면접관은 종이 한 장을 구겨서 바닥에 던지지. 그리고 지원자가 사무실로 들어올 때, 그 사람이 어떤 행동을 취하는 지 관찰하는 거야. 만약 지원자가 그 구겨진 종이를 무시하면, 면접은 그걸로 끝인 거야. 하지만, 지원자가 그 구겨진 종이를 주워서 쓰레기통에 넣으면, 계속 면접이 진행되는 거지.

회사는 그 지원자가 기대 이상의 것을 해내고자 하는지, 아니면 '내 일이 아니야'라고 무시할지를 보고 싶었던 거야. 아버지는 나에게 그 이야기를 해주신 것을 기억도 못하신다네. 40년도 더 지난 일이니까 말이야. 하지만 내가 일을 대충하고 싶은 유혹이 들 때는 항상 이 이야기를 생각하곤 해. 내 성격에 큰 영향을 미친 이야기지."

캔자스 주의 린즈버그Lindsborg에 있는 베서니 대학Bethany College의 존 대니얼스Jon Daniels 교수는 나에게 말했다.

"제가 어렸을 때였어요. 아버지는 저와 여행을 가려고 은행에 가서 수표를 현금으로 바꿨어요. 은행직원이 돈을 세서 아버지에게 주었는데, 너무 많은 액수를 줘버렸죠. 적어도 백 달러, 아니면 천 달러 정도요. 오래된 일이라 정확한 액수는 기억이 나지 않습니다. 하지만 제가 기억하는 건, 그 당시 우리는 돈이 많지 않았다는 거예요. 누구든 그 상황이 되면 아무 말 않고 시치미를 뚝 뗐을 겁니다.

하지만 아버지는 절대 그런 분이 아니셨죠.

아버지는 그녀의 상사가 알지 못하도록 그녀를 몰래 불렀습니다. 그 직원을 곤란하게 하고 싶지 않으셨거든요. 그리고는 직원에게 여러 번 상황설명을 해야 했습니다.

'아뇨, 제 말은 당신이 너무 많은 금액을 줬다고요. 우리가 그 금액을 다시 돌려줘야 해요.'

결국 그녀가 처리를 했고 우리는 은행에서 나왔어요.

은행에서 나오고 나서, 아버지는 무슨 일이었는지 설명해 주셨고, 비록 직원의 실수였지만 그 돈을 갖는 것은 훔친 것과 같다는 것을 가르쳐 주셨어요. 아버지는 항상 시간을 들여 그렇게 인성과 신뢰에 관한 교육을 해주시려 노력하셨죠. 40년 전 일이지만, 저는 아직도 생생하게 기억합니다."

남아프리카 더반Durban의 아룬 간디Arun Gandhi는 인도의 비폭력 독립운동의 지도자였던 간디의 손자이다. 아룬은 백인에게는 까맣다고 놀림당하고, 흑인들에게는 너무 하얗다는 이유로 두들겨 맞으며 인종차별을 뼈저리게 느끼며 자랐다. 그는 학대에 한이 맺혀 증오를 품고 있었다. 하지만 그의 아버지와 할아버지가 정의와 복수의 차이를 가르쳐 주셨고, 그는 적을 없애는 최고의 방법은 그들을 친구로 만드는 것이라는 것을 깨달았다. 현재, 아룬은 세계를 돌며 화해와 조정에 대한 강의를 하고 있다.

언젠가 나는 국제연설가 연합 컨벤션에서 아룬 간디와 같은 강단에 오른 적이 있다. 그는 남아프리카에서의 그의 청소년 시절 이야기를 해주었다. 그의 아버지는 어느 날 그에게 차 키를 주며 말했다.

"차를 가지고 정비소에 가서 수리를 맡기고, 차를 찾을 때까지 영화라도 보러 가거라. 하지만 다섯 시에는 나를 꼭 데리러 와야 한다."

아룬은 차 수리를 맡기고, 영화를 보러 극장에 갔다. 극장은 영화두 편을 동시 상영했고, 두 번째 영화가 6시 정도에 끝나게 되었지만, 그는 아버지의 말을 무시하고 그 영화를 계속 보기로 했다. 결국 그는 한 시간이나 늦게 아버지를 모시러 갔다. 아버지를 차에 태우고 집으로 향하는 길이었다. 30km로 쯤 되는 거리였다. 아룬이 운전하는 동안 어색한 침묵이 이어졌다.

결국 아버지가 입을 열었다.

"왜 이렇게 늦은 거니?"

"차 수리가 늦어졌어요. 기다려야 했거든요."

"차 세워라."

"왜 그러세요, 아버지?"

"집까지 걸어가마. 아버지로서는 실패한 인생이구나. 거짓말하는 아들을 키웠어. 정비소에 전화했더니 네가 6시가 되어서야 차를 찾아갔다고 하더구나."

아룬은 차를 세웠고 아버지는 차에서 내려 걷기 시작했다. 아버지는 그렇게 다섯 시간을 걸었고, 어느새 칠흑 같은 밤이 되었다. 아룬은 차로 천천히 아버지의 뒤를 따라가고 있었다. 이 일은 아룬에게 큰 영향을 주었고, 다시는 거짓말을 하지 않겠다고 스스로에게 맹세했다. 아버지가 그 먼 길을 걷는 것을 지켜보는 것은 절대 잊지 못할 인성 교육이었다.

부모로서, 아이들의 인격을 형성시킬 의무가 있고, 어른들의 말과 본보기는 아이들에게 큰 영향을 미친다.

최고의 선물

1988년에 우리 가족은, 네 살에서 아홉 살 사이의 필리핀 아이들을 입양했다. 아이들을 집으로 데려온 후, 하루 푹 쉬게 해고는 바로 다음날부터 '체험 삶의 현장'으로 아이들을 던져 놓았다. 새로운 도전이 있을 때마다 아이들은 저항했다.

"이런 거 해본 적 없어요!"

한 번은, 롤린스 대학 근처에 있는 수영장으로 아이들을 데려가서 수영 코치 해리 마이젤과 그의 아들 케빈에게 아이들을 넘겨주었다.

"우린 수영 못한단 말이에요!"라고 아이들이 소리쳤다. 하지만 아이들은 천천히 하나 둘씩 배워나갔다. 해리와 케빈은 하지 못할 거라고 생각했던 것들에 과감히 도전시켰다. 얼마 지나지 않아, 아이들은 수영장에 가지 못해 안달이 날 정도가 되었다. 그렇게 몇 년이 흐르고, 그 중 세 명은 플로리다 주 청소년 올림픽 출전 자격을 얻었고, 주 내 청소년 수영선수 랭킹 상위권에도 이름을 올리게 되었다. 아이들의 변화를 지켜보는 것은 정말 놀라운 일이었다.

당시 우리는 열여섯 명의 아이들이 함께 살고 있었고, 식탁은 5미터나 되었다. 아침 여섯시 반에 아침식사를 하고 아이들이 집 밖으로 나가기 전, '오늘의 질문'을 던져 아직 잠들어있는 아이들의 뇌세포들을 깨우려고 노력했다.

어느 날 아침, 나는 "20년 후에, 너희들은 나이 든 이 아빠를 어떻게 기억할 것 같니?"라고 물었다. 아이들이 삼삼오오 모여 잠시 토론을 하더니, 데이비드(당시 열여섯 살이었고, 훗날 미국 해군이 되었다)가 그룹의 대변인인양 말했다.

"아빠, 우리는 아빠를 항상 우리에게 자극을 주고 동기부여를 해준 멋진 분으로 기억할 거예요."

아하! 역시 효과가 있었군! 내 최종 목표 중 하나를 이룬 것 같았다. 아이들을 학교에서 최선을 다하게 하고, 불평불만 없이 집안 일을 하게하고, 방을 깨끗이 치우게 하고, 문제를 일으키지 않도록 하는 것들 말이다. 지금 현재 우리 아이들은 캘리포니아부터 뉴욕, 플로리다 등 뿔뿔이 흩어져 살고 있다. 이제 그들은 성인이 되었지만 내 목표에는 변함이 없다. 나는 아직도 아이들을 격려하고 동기부여를 해주기 위해 신문 스크랩이나 좋은 구절들을 편지로 보내거나 이메일을 보낸다.

언젠가 열다섯 명의 아이를 키우고 있는 한 어머니의 인터뷰를 본 적이 있다.

"모든 아이들이 부모에게 똑같이 사랑받고 관심을 받아야 한다고 생각하시나요?"

"당연히 그래야지요."

"그런데, 아이들 중 누구를 가장 사랑하시나요?"

그녀의 모순된 모습을 찾아내기 위해 인터뷰 기자가 물었다. "아픈 아이가 회복될 때까지, 그리고 밖에 나간 아이가 돌아올 때까지 그 아이들을 가장 사랑한답니다."

루스와 나는 그 어머니의 마음을 충분히 이해할 수 있었다. 사람들이 나에게 아이들이 몇 명이나 있냐고 물어보면, 나는 "열아홉이요. 네 명은 친자식이고, 한 명은 재혼하면서 데려왔고, 나머지 열넷은 입양했어요."

그러니 내가 양육방법과 아이들에게 주는 영향력에 대해 말할 때 목에 핏대를 세우더라도 이해해주기 바란다. 다음 세대를 위해 축복하고, 사랑하고, 보살피는 것만큼 이 세상에 중요한 것은 없다고 생각하고 있으니 말이다.

당신이 친부모건, 입양한 부모건, 대부이건, 양부모건, 아니면 멘토이건, 아이들은 신이 주신 선물이다. 그 선물을 소중히 여겨야한다.

내 막내아들 앨런은 지금 스물여섯 살이다. 그도 잘 알고 있듯이 키우기 평탄했던 아이는 아니었다. 앨런은 마음이 따뜻하고 좋은 아이였지만, 외부의 영향을 매우 받기 쉬운 아이였고, 가끔 말썽을 부리기도 했다.

서던 캘리포니아에 있는 앨런이 얼마 전 나에게 전화를 걸어왔다. 그가 한 첫마디가 굉장히 충격적이었다.

"아빠, 저를 올바르게 잘 키워주셔서 고마워요!"

"앨런, 갑자기 왜이러니? 무슨 일 있는 게냐?"

내가 놀라 말했다.

"그냥요, 아빠, 제 여자 친구와 문제가 조금 있었거든요. 하지만 아빠가 가르쳐주신 것들을 기억해냈어요. '나는 화를 내지 않는다. 아빠가 가르쳐주신 대로 상황을 제어한다'하고요. 아빠가 저희에게 가르쳐 주신 교훈들을 떠올려봤어요. 그걸 이제야 알 것 같아요. 정말 효과가 있었다고요!"

나는 놀라서 입을 떡 벌렸고, 전화기에서 쏟아져 나오는 이 말들을 도저히 믿을 수가 없었다. 내 귀에는 그저 아름다운 음악처럼 들렸다.

아이들에게 영향을 주려 했던 노력들이 물거품이 되지 않았다는 것을 알게 되는 이 순간의 기쁨이야말로 부모들이 받아야 마땅한 최고의 선물이다. 아이들이 어리고 고집불통일 때 당신의 교육이 통할 거라고는 생각하지 않는 것이 좋다. 하지만, 시간이 지나면 언젠가, 당신의 노력의 결과가 적절한 시기에 나타나게 될 것이라고 믿어라.

앨런이 했던 "아빠, 저를 올바르게 잘 키워주셔서 고마워요"라는 말을 떠올릴 때마다 아직도 짜릿함을 느낀다. 당신도 언젠가는 이런 말을 듣게 되길, 그리고 이 말할 수 없는 기쁨을 꼭 느끼게 되길 바란다.

아이들의 인생에 영향을 준 것에 대한 보상은 한 평생을 넘어 영원히 지속된다.

요약: 자기진단

1. 당신은 부모 혹은 다른 보호자로부터 축복받고 사랑을 받으며 자라왔는가? 당신의 부모로부터 받은 영향력이 당신 인생에 어떤 영향을 가져왔는가? 그렇다면 구체적인 예는 어떤 것들이 있고, 그것이 지금의 당신을 만드는데 지속적으로 영향을 주고 있는가?

2. 지금 당신이 아이들과 함께 시간을 보내는 것이 쉬운 일인가, 아니면 스케줄 조정이 필요한가? 당신과 아이들이 함께 할 수 있는 즐거운 일을 생각해 보자. 당신의 생활을 바꾸기 위한, 또는 아이들과 더 많은 시간을 보내기 위한 구체적인 방법에는 어떤 것들이 있을까?

3. 일정한 방법으로 아이들을 훈육하는 것이 당신에게 쉬운 일인가, 아니면 어려운 일인가? 아이들을 일정한 원칙과 가족의 규칙에 따라 교육하는 편인가, 아니면 순간의 감정에 치우치는 편인가? 당신의 태도로부터 아이들은 어떤 교훈을 얻을 수 있을까?

4. 아이들이 다른 사람을 돕는 것을 가치 있는 것으로 여기게 하기 위해 어떻게 가르치고 있는가? 당신과 아이들이 할 수 있는 행

동을 구체적으로 이야기해 보자. 저자는 창문 닦기, 잡초 뽑기, 급식 봉사 등, 소외계층을 돕는 즐거움을 가르칠 수 있는 방법들을 몇 가지 소개했다. 아이들이 사람들을 도울 수 있는 다른 활동들은 어떤 것이 있을까?

5. 당신의 부모님들은 어떤 롤 모델이었나? 당신의 부모님이 압력, 유혹 등 어려운 환경에서 어떻게 대응하는지를 보고 교훈을 얻은 적이 있는가? 아이들은 당신의 모습을 보고 무엇을 배울 것인가?

에필로그
. . . .

나는 병원에서 사형선고를 받고 이 책을 쓰기 시작했다. 그리고 이 맺음말을 쓰면서, 집행유예 선고를 받았다.

2011년 2월, 나는 기자회견을 열고 '미션 이즈 리-미션The Mission Is Remission'이라는 슬로건이 적힌 티셔츠를 공개했다. 1년 후, 나는 나의 목표를 달성했다는 발표를 할 수 있었다. 하지만 그것은 굉장히 힘든 싸움이었고 다발성 골수종은 지독하고 완강한 상대였다. 의사들은 그 해에 치료를 마치기 위해 계속해서 화학요법을 강행했다. 하지만 화학요법은 사실 아무런 효과가 없었다. 그저 이발비와 면도날 비용을 아끼게 해주었을 뿐, 병마에게 K.O 펀치를 날리진 못했다. 나는 의사들에게 가능한 모든 수단을 강구해주길 바란다고 청했다. 나에게 언제든 상대 타자를 아웃시킬 수 있다고 믿고 던지는 최고의 구질로 '아웃 피치'를 해주길 바랐다. 내가 맞선 암은 분명 전설적 타자인 베이브 루스 급이었기 때문이다.

그래서 나의 골수종 및 줄기세포 전문의 야서 칼레드 박사는 나의 혈액 조직에서 약 490만개의 건강한 줄기세포를 채취하여 냉동보관 하였다. 줄기세포 채취 과정은 고통스럽진 않았지만 시간이 오래 걸렸고, 거북하고, 힘들었다.

의사들은 원활한 채취를 위해 줄기세포를 활성화 시키는 주사를 놓아 물고기처럼 나의 혈류를 헤엄쳐 다니도록 했다. 그리곤 각종 기계들이 나에게 연결되었다.

'트라이 퓨전Tri-fusion'이라 불리는 세 개의 관이 내 가슴에 삽입되어 있었는데, 나의 모든 혈액이 그 관을 통해 기계로 흘렀다. 그 기계는 나의 줄기세포들을 걸러내고 혈액을 다시 내 몸으로 넣어주었다. 걸러진 줄기세포들이 팩에 저장 되는 것을 내 눈으로 볼 수 있었다.

줄기세포가 모두 채취 된 후, 칼레드 박사와 그의 팀들은 나의 골수에 남아있는 암세포들을 죽이기 위해 나에게 화학치료를 실시하였다.

의사들이 어떤 치료를 하는 것인지 나에게 자세히 설명하려 했지만 정작 내가 이해할 수 있게끔 설명해준 건 낸시라는 필리핀계 간호사였다. 그녀는 내게 다음과 같이 이야기 해 주었다. "농부와 밭의 관계와 비슷한 거예요. 농부는 밭을 갈아서 토지를 비옥하게 만들죠. 그건 농작물들이 강하고 건강하게 자랄 수 있도록 씨앗을 뿌릴 토질을 좋게 하는 거예요. 토질은 골수이고, 씨앗은 줄기세포, 그리고 농작물은 새로 생성되는 암이 없는 건강한 골수예요. 좋은 씨앗이 좋은 토질에 들어가도록 하는 것이 환자분을 강하고 건강하게 해줄 거예요."

마침내, 490만개의 건강한 줄기세포들을 해동시켜 내 몸에 다시 주입하여 증식하고 건강한 새 혈구들을 만드는 날이 왔다. 줄기세포 이식을 위해 열한 개의 주사기들이 내 가슴에 삽입된 '트라이 퓨전'관에 연결되었다. 수술은 꼬박 하루가 걸렸지만 통증은 없었고 대부분의 시간 동안 나는 잠을 잤다.

건강한 줄기세포들은 성공적으로 이식되었고 증식하기 시작했다. 이식 수술 후 얼마 지나지 않아 의사들로부터 드디어 회복하기 시작했다는 좋은 소식을 들었다.

내 인생에 가장 힘든 한해였지만 믿음을 저버리지 않은 하나님께 감사했다. 감사해야 할 것이 너무 많다. 의사들의 노력의 결과와 더불어 나를 위해 기도해준 나의 가족과 친구들, 그리고 내가 알지 못하는 많은 사람들을 생각하면 몸 둘 바를 모르겠다. 매일 아침 눈을 뜰 때마다 살아있음에 감탄하고 감사한다.

난 이제 세 개의 생일이 있다. 내가 태어난 1940년 5월 3일, 정신적 생일인 1968년 2월 22일, 그리고 병으로 부터의 회복 기념일인 2012년 2월 10일이다. 그리고 난 이 세 개의 생일을 친구들, 사랑하는 사람들과 함께 의미 있게 보낼 생각이다. 병이 아직 완치되진 않았다는 걸 나도 알고 있다. 회복 중이긴 하지만 아직 다발성 골수종을 가지고 있다.

내 주치의 로버트 레이놀즈Robert B. Reynolds 박사는 내게 이렇게 말했다.

"계속 의학기술이 발전하고 있기 때문에 우리는 당신을 가능한 한 오래 살 수 있게 하려고 합니다. 오래 살수록 발전된 의학기술의 혜택을 더 받을 수 있기 때문이지요."

줄기세포 이식수술에 들어가기 전에 레이놀즈 박사에게 물었다,

"줄기세포 이식수술 후 가장 단기간에 퇴원한 사람의 기록이 어떻게 되나요?"

"12일입니다."

"선생님, 제가 그 기록을 깨겠어요."

"팻, 지금 기록을 깨는 게 문제가 아니에요. 칼레드 박사와 저는 오직 한 가지만 생각하고 있어요. 당신이 병을 훌훌 털고 일어나서 오랫동안 가능한 한 많은 사람들의 삶에 좋은 영향을 미치며 살 수 있게 하는 것이 더 중요합니다. 그게 우리의 유일한 목표예요."

너무 감사한 말씀이었다. 레이놀즈 박사의 지적으로 내가 사람들에게 미칠 수 있는 영향력이란 것이 얼마나 중요한 것인지 깨달았다.(그렇지만 결국 난 10일 만에 퇴원하여 기록을 깨버렸다!)

마무리 하며, 내가 드리는 여러분들을 위한 과제가 있다. 우리는

모두 사형선고를 받은 채 살아가고 있다. 나도, 그리고 당신도. 내 병은 하루하루 사람들에게 좋은 영향을 미치며 살아가야 한다는 것에 대한 나의 의식을 높여주었다. 하지만 우리가 얼마동안 그렇게 남들에게 영향을 미치며 살아갈 수 있는지는 아무도 모른다.

60년, 또는 60주, 또는 겨우 60분이 남아있을 수 있다. 여러분에게 드리는 나의 질문은 '당신에게 주어진 남은 시간동안 무엇을 하며 살겠는가?'하는 것이다. 여러분의 삶을 하나의 주어진 의무로 바라보길 간절히 바란다.

가능한 한 오랫동안, 그리고 긍정적인 영향을 다른 이들에게 미치는 의무 말이다. 당신의 영향력이 넓고 멀리 퍼지길 바란다. 당신의 인격과 신의가 많은 사람들에게 알려지길 바란다. 그리고 이것은 잊지 말자.

"오늘 당신의 선택이 내일을 바꿀 수 있다."

나를 변화시킨 사람들
내가 변화시킬 사람들

1쇄 인쇄 2014년 2월 12일
1쇄 발행 2014년 2월 25일

지은이 팻 윌리엄스 · 짐 데니
옮긴이 김정우
펴낸곳 도서출판 말글빛냄
펴낸이 한정희
마케팅 최윤석 **디자인** 조연경
주소 서울시 마포구 마포동 324-3 경인빌딩 3층
전화 02-325-5051 **팩스** 02-325-5771 **홈페이지** www.wordsbook.co.kr
등록 2004년 3월 12일 제313-2004-000062호
ISBN 978-89-92114-91-2
가격 13,000원